기다려주고,
기다림을 받을 줄 아는
당신에게 드립니다.

_____ 님께

_____ 드림

* 인쇄 수익의 일부는 나눔과 봉사, 청년멘토링 활동에 기부됩니다.

고물상 아들
전중원입니다

절망의 사막을 건너는 모든 이에게

고물상 아들
전중훤입니다

전중훤 지음

제8요일

추천의 글

작은 고물상에서 리어카를 끌던 조그마한 꼬마가, 한국인으로서는 유일하게 아시아태평양지역 조세총괄본부장 겸 한국법인 대표이사가 된 이야기를 처음 듣게 되었을 때의 전율을 잊지 못합니다. 그의 이야기는 그 어떤 드라마보다 멋지고 감동적이며 아름다웠습니다. 그리고 그의 이야기가 수많은 사람들에게 읽히기를 간절히 바라며 이 순간을 기다렸습니다.

이 책을 읽고 젊은이들이 다시 일어서기를 바랍니다. 가난하다는 이유로, 능력이 부족하다는 이유로, 배경이 없다는 이유로, 학벌이 낮다는 이유로… 접어야만 했던 꿈들을 다시 펼쳐보길 바랍니다. 또한 국제 세무를 하는 모든 친구들이, 한국이 아닌 아시아를 넘어 전 세계를 향한 야망을 품어보길 바랍니다. 그리하여 제2, 제3의 전중훤이 나오길 간절히 기대합니다.

김재규 김재규학원교육그룹 이사장

그는 함께 있는 사람을 행복하게 만들고, 긍정적인 에너지를 전염시키는 매력을 지닌 사람입니다. 그런 코리아 제임스의 빛나는 매력은 이제 한국을 넘어 아시아태평양까지 비추고 있습니다. 오랫동안 이 일을 해오면서 만난 사람 중에서도, 그가 보여준 따뜻한 리더십과 소통의 기술은 매우 특별했습니다. 오래도록 기억에 남을 만큼 인상적이고 멋진 것이었습니다.

이 책 속에는 그러한 제임스의 오랜 노하우와 후배들을 향한 사랑이 담겨 있으리라 믿어 의심치 않습니다. 국제조세에 대한 그의 열정, 끊임없는 연구와 도전, 모두가 함께 행복해지기 위해 노력하는 그의 리더십은 앞으로도 많은 사람들에게 새로운 길을 제시해줄 것입니다. 축하합니다!

바스 반 데르 휴렛팩커드엔터프라이즈 본사 부사장

처음 그를 보았을 때를 기억합니다. 회사를 다니면서 서울시립대학교 세무전문대학원 박사과정에 입학하던 그는, 이제 2014년 17위, 2015년 19위, 2016년 48위. 〈포춘〉지 선정 글로벌 100대 대기업 중에서도 상위에 링크된 HP의 기업서비스부문 아시아태평양지역 조세총괄본부장 겸 한국법인 대표이사가 되었습니다. 이는 한국인으로서는 매우 이례적이며 자랑스러운 일이 아닐 수 없습니다.
전중훤 대표의 행보는 젊은이에게 시사하는 바가 큽니다. 화려한 배경, 높은 스펙이 없어도 한 곳을 향해 가는 집중력이 꿈을 이루는 데 얼마나 큰 영향력을 입힐 수 있는지를 보여줍니다. 수없이 실패하고 넘어지는 과정을 통해 포기하지만 않는다면, 다시 일어나 최선을 다하겠다는 의지만 있다면 얼마든지 기회가 주어진다는 것 또한 보여주고 있습니다.
무엇보다 자리에 연연하지 않고 꾸준히 나눔과 봉사를 이어가며, 청춘 멘토링을 통해 자신이 가진 경험과 재능을 기꺼이 공유하고 젊은이들과 친구가 되려는 모습을 보며 많은 감동을 받습니다.

원윤희 **서울시립대학교 총장**

코리아 꼬마 제임스. HP 기업서비스부문 한국법인 대표이사, 아시아태평양지역본부 조세재정총괄본부장 부사장이라는 대단한 타이틀을 거머쥔 최초의 한국인. 그 작은 사람이 한국을 대표해 글로벌로 뻗어나가고 있습니다. 한국을 넘어 전 세계를 향한 꿈을 꾸고 있는 모든 청춘들에게 이 책은 필독서가 되어야 합니다. 일에 대한 열정, 사람을 대하는 태도, 나눔이라는 가치를 실현하는 그의 모습을 통해 이 시대의 진정한 리더의 모습을 배워야 할 것입니다.

이진영 **한국국제조세협회 이사장**

젊은이의 시기를 거치지 않는 노인은 없습니다. 그러나 그 젊은 시절을 어떻게 보내느냐에 따라 미래의 모습은 제각각 달라집니다. 우리에게 주어지는 고민과 불안감의 크기는 모두 다르겠지만, 그것을 이겨내는 방식은 사실 하나로 통한다는 것을,《고물상 아들 전중훤입니다》가 보여주고 있습니다. 또한 서너 평짜리 고물상에서 일을 하시던 어머니로부터 배운 경영방법이, 글로벌 대기업에 적용되고 있다는 사실만으로도 이 책의 가치는 충분합니다. 평소 전중훤 대표의 리더십에 대해 궁금했는데, 그 궁금증이 싹 풀렸습니다. 글로벌 리더를 꿈꾸는 이들에게 적극 권합니다.

윤세리 **법무법인 율촌 대표변호사**

(글을 읽고 마음을 실어주신 분들의 이야기는 책의 말미에서 이어집니다)

우리는 기다리는 법을 배워야 한다.
삶은 기다림의 연속이므로,
기다림의 열매를 맛본 자만이
다음 기회를 얻을 수 있다.

프롤로그

버티는 삶에 관하여

다섯 평도 되지 않는 작은 공터. 나의 삶은 그곳에서 시작되었다. 원양어선을 타고 돌아다니다 집으로 돌아와 사업을 하다 실패한 아버지. 그로 인해 자식 셋을 공부시켜야 한다는 일념 하나만으로 어머니는 150센티미터도 되지 않는 작은 체구로 고물상을 시작하셨다. 초등학생인 나는 학교가 끝나면 친구들이 옷을 갈아입고 학원에 가고 놀러 갈 때, 내가 가진 것 중 가장 낡고 더러운 옷으로 갈아입고 고물상에 나가야 했다.

리어카를 끌고 고물을 줍기 위해 동네를 돌아다닐 때면, 혹시 친구들과 마주치지 않을까 괜히 고개를 기웃거리거나 쉬운 길을 둘러 가기도 했다. 자존심이 너무 상해서 '왜 하필 우리 집은 고물상을 할까.' 투덜거리며 돌아오면, 여리고 작은 몸으로 고물을 챙겨 올리는 어머니의 뒷모습이 보였다. 어머니는 나를 돌아보고 환하게 웃으며 이렇게 말하는 것이다.

"넌 나의 희망이다. 나는 너를 믿는다."

그리고 다시 고물들을 정리하는 어머니의 뒷모습을 보며, 나는 금세 자존심을 떨쳐버리고 조금씩 성장해나갔다. 불평은 더 큰 불행을 낳고, 부정은 더 아픈 감정을 만들어낸다는 것을 그때 진작 깨달았다. 고작 고물을 줍는 것이 힘든 나보다는, 그 가녀린 몸으로 온 가족을 지켜내야 하는 어머니 앞에 닥친 절망감이 훨씬 더 크다는 걸 알았기 때문에 더 이상 불평하지 않았다.

그리고 내 삶을 부정하지 않았다. 평범함을 갈구하지 않은 건 아니었지만, 평범하지 않다는 사실에 절망하지 않았다. 그건 그냥 태어났을 때부터 나에게 주어진 삶이었고, 그 속에서 다시 '행복해야 할' 이유를 찾고, '행복할 수 있는' 방법을 찾는 것. 그게 내가 사는 방식이었다. 난 그렇게 매 순간 닥쳐오는 어려움의 안개들 속에서도, 주저하지 않고 크게 한 발을 내딛으며 여기까지 왔다.

그리고 어느 날.

이른 아침에 눈을 뜨니 핸드폰에 수십 통의 전화와 메시지가 와 있었다. 눈곱이 붙은 눈을 비비며 확인을 해보니, 대부분 "축하드립니다!"로 시작하는 메시지들이었다. 그렇다. 나는 어느 날 포춘 100대 기업 중에서도 상위권에 있던 구 HP 기업서비스그룹*의 한국법인 대표가 되었다. 물론 그 전에도 아시아태평양지역본부 조세재정총괄본부장을 맡게 되었을 때 유례없는 일이라며 축하를 받았고, 그 일은 지금까지도 독보적이며, 유일무이한 의미로 사람들의 입에 오르내리고 있다. 그런데 이제 대표이사라니. 한국인으로서는 아시아태평양지역본부 조세재정총괄본부장 부사장 겸 한국법인 대표이사 겸직은 최초이고 글로벌 대기업 역사상 한 번도 없던 일이라 전 세계의 이목이 집중됐다.

하지만 난 스스로가 자랑스러운 만큼 부끄럽고, 가슴이 벅찬 만큼 어깨에 새로 지워진 짐이 새삼 무겁게 느껴지기도 했다.

그리고 이제 나는 책을 써야겠다고 마음먹었다. 그동안 끄적여 놨던 일기장과 메모들, 모아두었던 자료들, 오랫동안 묵혀두었던 사진들을 끄집어내어 편집자에게 건네며 최대한 나와 닮게 만들어달라고 부탁했다. 그러면서 나의 오랜 이야기들을 들려주었다.

내 이야기를 보고 들은 사람들이 눈을 동그랗게 뜨고 나를 쳐다보았다. 그리고 대뜸 물었다.

"아, 대표님. 금수저 아니었어요?"

비교적 어린 나이에 이 자리에 올라온 나를 본 사람들, 그리고 항상 실실 웃고 다니는 내 모습을 본 사람들은 대부분 이런 반응을 보일 것이다. 나의 삶 어디에서도 드라마틱한 무언가가 있으리란 예상을 하지 못할 테니까. 그래서 난 이 책을 써야겠다고 마음먹었다. 누구보다 절망적이었던 나의 어린 시절과, 어머니에 대한 이야기. 그리고 여전히 계속되었던 아픈 청춘의 시절과 그것을 버텨냈던 삶의 구구절절한 이야기들을 내어놓고 싶었다. 혹시라도 나를 오해하고, 내가 혹자의 아픔을 공유할 수 없을 거라고 생각하는 사람들에게 마음을 내어주고 싶었다.

난 지금도 이 험난한 세상을 힘겹게 헤쳐 나가고 있는 수많은 사람들과 결코 다르지 않았음을, 아니, 어쩌면 더 앞이 막막하고 답답했던 시간과 상황 속에 놓여 있었음을 이야기하며 희망을 건네고 싶었다.

나의 이야기들이 이 책을 읽는 누군가에게 닿아 "할 수 있다."는 마음을 일으키게 할 수 있다면, 절망 속에서 참고 버틴다면 언젠가 반드시 기회가 온다는 것을 믿게 할 수 있다면, 수많은 스펙과 화려한 배경보다는 긍정적이고 오픈된 마인드와 언제나 혼자가 아닌 '함께'하고자 하는 마음만이 우리 삶에 드라마틱한 반전을 가져온다는 걸 믿게 해줄 수 있다면. 그럴 수만 있다면…….

오랜 시간 동안 시간을 쪼개고 쪼개어 적어 내려간 이 책의 의미는 충분할 것이다.

2017년 10월, 여의도에서
코리아 꼬마 제임스, 전중환

---

* 휴렛팩커드(HP)는 미국 실리콘밸리에 안착한 기업의 시조로 꼽히며 세계 벤처기업 1호로 불린다. 젊은 대학생 빌 휴렛(Bill Hewlett)과 데이비드 팩커드(David Packard)가 1939년 미국 캘리포니아 주 팰러앨토에서 창업을 준비한 차고는 캘리포니아 주 정부가 '실리콘 밸리의 발상지'라는 유적지로 지정하여 보존하고 있다.
한국HP는 1984년 휴렛팩커드(55%)와 삼성전자(45%)의 합작으로 설립됐다. 1998년 HP가 삼성전자의 보유 지분을 100% 인수하였다. 2009년 〈포춘〉지 선정 '글로벌 500대 기업'에서 9위를 차지했다.

고물상 아들로 태어나
평생 어머니의 뒷모습을 보며 걸어가게 해주신
사랑하는 나의 어머니에게……

Contents

추천의 글 … 8

프롤로그 | 버티는 삶에 관하여 … 12

Part 01
우리는 여전히, 사막을 건너고 있다

지금 당장 미래가 보이지 않는 것은, 어쩌면 당연한 일이다 … 27

버티는 자에게만 주어지는 답이 있더라 … 36

소통의 귀재, 한국의 꼬마 제임스 … 45

유일, 최초, 하지만 여전히 과정 속에 있다 … 56

절망은, 내 생에 최고의 멘토였다 … 63

Part 02
고물상 아들, 전중원입니다

만약 내 키가 조금만 더 컸다면 … 77
어머니는 왜 하필 고물상을 하셔서 … 90
고물상이 내게 준 다섯 가지 경영의 지혜 … 96
하나, 장사는 아무리 작아도 전략이 필요하다 … 97
둘, 사람을 존중할 것 … 104
셋, 진심은 결국 통한다 … 109
넷, 자신을 믿고 두려워하지 말 것 … 112
다섯, 나를 낮추고 상대를 높일 것 … 115
경영은 무에서 유를 창조하는 것이다 … 119

Part 03
멀리 가기 위해, 함께 갈 것이다

소통하지 않는 리더는 함께 일하는 사람을 외롭게 만든다 … 133

좋은 소통, 나쁜 소통 … 142

나는 앞서 가고, 너는 뒤서 갈 뿐 어차피 같은 사막 위에 있다 … 157

높이 올라갈수록 '듣기'가 힘들다 … 167

엄격하되, 비정하지 않기 … 177

리더십? 함께 성장하지 않으면 의미 없는 것 … 187

10년 / 10년의 법칙 … 201

Part 04
잘 노는 남자, 전중훤입니다

아무도 신경 쓰지 않는 것에 가치를 부여하다 … 217
어차피 노는 것, 같이, 잘 놀아보자 … 224
의미 있는 일을 한다는 것 … 231
한강둔치에서 맥주나 한잔 할까 … 246
함께 노는 사람들을 행복하게 해주기 위해서 … 254

부록 | 국제조세를 하고 싶은 친구들에게 … 264
에필로그 | 나눔에 연연하는 삶에 관하여 … 273

저자소개 … 278
추천의 글 … 280

Part 01
우리는 여전히, 사막을 건너고 있다

고리타분한 꼰대들의 이야기는 하고 싶지 않다.
나는 여전히 방황하는 청춘들과 함께 사막을 건너고 있다.
나의 삶과 그들의 삶은 그리 멀지 않다.
같은 사막 위에서 우리는 여전히 길을 찾고 있다.
다만 나는 이제 '함께' 가는 법을,
아주 조금 깨닫게 된 것뿐이다.

지금 당장 미래가 보이지 않는 것은, 어쩌면 당연한 일이다

"불확실성을 참아내면 방향감각이라는 선물이 온다."
– 《사막을 건너는 여섯 가지 방법, 스티븐 도나휴》 중에서

'띠리리리리'. 전화벨이 울린다. 낯선 번호다. 전화를 받으니, 며칠 전 강의 후 뒤풀이에서 만났던 한 친구의 목소리가 들린다.

"저어…… 잠시 제 얘기 좀 들어주실 수 있을까요."

나는 그 친구를 만났다. 올해 스물아홉이 된 청년은 맥주 한 잔씩을 서로 마주 놓고 앉아 잠시 말이 없더니 잠자코 기다리는 내 앞에서 입을 열었다.

"열심히 달려왔는데, 미래가 보이지 않아요……."

그는 한참 동안 이야기를 늘어놓았다. 요즘 청년들이 흔히 하는 어려운 취업과 불투명한 미래에 대한 이야기였지만, 그 흔한 이야기

는 여전히 모든 청년들에게 아주 심각하고 힘겨운 것이었다. 삶이 뿌리째 흔들릴 만큼. 여러 가지 자격증과 화려한 스펙, 하지만 그것으로도 전혀 보장되지 않는 현실의 장벽들 앞에서 그는 무너지고 있었다. 정말 하고 싶은 게 무엇이었는지 잊어버린 지는 이미 오래, 무엇을 해야 의욕적으로 살 수 있을지에 대해 스스로 질문하는 것조차 두려운 상태였다. 나는 그냥 맥주를 홀짝홀짝 들이켜며 그의 말을 들어주고 있었다. 그는 한참 동안 그렇게 이야기를 하다, 내 얼굴을 쳐다보았다. 묘한 표정이었지만, 금세 그 표정의 의미를 알 수 있었다. 그리고 내가 물었다.

"'이 얘기가 저 사람과 무슨 상관이람. 승승장구한 저 사람이 뭘 알겠어.' 하는 표정인데. 맞아?"

그는 피씩 웃더니 고개를 끄덕이며 말했다. "맞아요. 이런 얘기, 수도 없이 들으셨을 테니 뭐……." 그의 말끝에 나는 이러쿵저러쿵 잔소리 같은 조언 대신 내가 살아온 이야기를 들려주었다. 그리고 그날 맥주집을 나올 때쯤엔, 이미 우리는 친구가 되어 있었다.

내가 그들과 친구가 될 수 있는 이유는 간단하다. 나도 그들과 별반 다르지 않은, 아니, 어쩌면 더 불확실하고 혼란스러운 시기를 지나왔기 때문이다. 현재의 내 모습만을 알고 있는 사람들이 이 이야기를 읽는다면 잠시 충격적인 표정을 지을지도 모르겠지만, 사실이다. 나는 결코 금수저가 아니다.

그 청년의 이야기를 들으면서 나는 처음 HP(한국휴렛팩커드: Hewlett-Packard)에 입사했을 때가 떠올랐다. 대학생활을 어찌나 화려(?)하게 했는지, 전공이나 특기를 살려 취업 방향을 결정할 수 있는 상황이 아니었다. 도저히 나와 맞지 않은 경제학과, 게다가 학점은 평균 이하. 요즘에 그 흔하다는 자격증이라고는 운전면허증이 전부인 상태에서(군 제대 후 그나마 영어 공부는 열심히 했지만) 국내에서 내로라하는 대기업은 서류전형 통과가 어려운 상황이었다. 다만 운 좋게도 인턴이 된 대기업이 있었는데, 여기는 마지막에 인턴 자체를 취소해버렸다. 그렇다고 놀기를 좋아하는 이 천성을(일도 노는 것처럼 한다는 소리를 들을 정도니) 받쳐줄 가정형편은 못 되니, 돈을 벌어 생계는 유지해나가야 하고, 머리를 아무리 굴려도 뾰족한 수가 나오지 않아, 애꿎은 방바닥만 긁고 있었다. 막막하고, 두려웠다.

그러다 교수님으로부터 얻은 정보도 있고 또 어디서 주위들은 소리가 있어, 학점을 크게 보지 않는다는 외국계 기업에 대한 정보를 입수했고 냅다 지원서를 넣었다. 그리고 덜커덕, 합격을 하게 됐다.

두 가지 절망

하지만 합격을 한 것도 문제였다. 서울에서 회사를 다녀야겠는데 원룸 하나 얻을 형편이 안 되는 것이다. 대학 때는 이 집 저 집 어찌

어찌 전전하며 지내기라도 했는데, 친구들도 이제는 자기 앞길 챙기기에 바빴다.

숙식을 할 곳이 없는 내게 어머니가 찾아준 대안은 이모네에 더불어 살기였다. 이모네라고 하니 거창하게 들릴지 모르겠지만, 잘 사는 친척집에 방 하나 빌려 들어가는 하숙생 같은 모습을 상상한다면 접기를. 열 평 남짓 됐을까. 이모와 이모부, 할머니, 거기에 아들이 둘…… 총 다섯이나 되는 이모네 식구들은 북아현동에서도 맨 꼭대기 동네 옥탑방에 옹기종기 모여 살았다. 그리고 난 그 작은 옥탑방 한쪽에 몸 하나 뉠 수 있는 공간을 만들어 더부살이를 시작했다. 가난한 이모네 식구에게 입 하나 느는 것이 어떤 의미인지 너무나 잘 알았기에, 당시 월급에서 5~10만 원을 떼어 생활비로 보탰다. 일종의 방세였다.

여의도에서 일을 마치고 애오개역에서 내려 집까지 걸어가는 데는 30분. 마을버스 비용이 아까워 걸어 다녔다. 여름이 시작되던 때면 집에 가는 동안 온몸이 땀으로 흥건히 젖었다. 언덕의 경사가 어찌나 심한지 겨울에 얼음이라도 얼면 30분 동안 미끄러지기를 수십 번 반복했다. 게다가 여름이면 햇볕을 그대로 받고 달궈진 지붕 탓에 잠을 이루기가 쉽지 않았고, 겨울이면 여기저기 찬바람이 숭숭 들어와 온몸에 한기가 돌았다. 베개 하나를 베고 그리 크지도 않은 몸을 움츠리고 잠이 들 때면 '서울에, 이 수많은 건물과 집 중에 내 것은 어찌 하나도 없을까. 코딱지만 한 월세방 한 칸도…….' 하는 생각에 서글퍼져왔다. 흙수저도 아닌 무수저라는 게 이런 건가. 눈을 꼭 감고 잠을 청하면 아직 대학생 티도 제대로 못 벗은 철부지 내 마음에 자본주의 사회에서 아무것도 없이 사회초년생의 삶을 시작해야 하는 절망감이 온몸으로 파고들었다. 맥주집에서 친구가 된 그의 말처럼, 정말이지 미래가 보이지 않았다.

"잘 지내지?"

여의도에서 일을 끝내고 지하철역으로 갈 때쯤, 익산에서 걸려온 어머니의 전화. 담담하게 말하지만 어머니의 목소리에는 뻔히 보이는 큰아들의 생활에 대한 걱정이 묻어났다. 그 걱정에 확인사살이라도 하듯 "집에 가기 너무 힘들어요. 때론 혼자 있고 싶어요. 그런데 그럴 수가 없어요."라고 말할 수는 없는 노릇이었다. 나는 그저 엄마처럼 역시 담담하게 "그럼요. 북적북적 식구가 많아 재미나게 지내고 있어요. 일도 재밌고요." 하고 대답했다. 그렇게 전화를 끊고 지하철역으로 향하는 내 발걸음이 어찌나 무겁든지.

주말에라도 잠시나마 나와 있고 싶어 토요일이면 일찌감치 집을 나와 여기저기 방황하며 돌아다녔다(원망스럽게도 당시 HP는 주 5일제였다). 그리고 저녁이 되면 서울에서 자취를 하는 선배 집을 찾아가 하룻밤 신세를 청했다. 건대 앞 역시나 옥탑방에서 자취하는 선배집에서 대부분의 일요일을 보냈는데, 두런두런 이야기도 하고 맥주도 한잔하는 그 시간이 참 좋았지만 역시나 옥탑방은 덥고, 또 추웠다. 당시의 내 마음처럼.

절망은 그것만이 아니었다. 얼떨결에 들어간 회사라고는 하지만 학점도 배경도 없는 나로서는 어떻게든 살아남아야 했다. 그게 무엇이든 잘하고 싶었다. 재미없고 따분한 걸 좋아하지 않으니, 그게 무엇이든 내가 잘할 수 있고 흥미가 붙는 걸 찾아서 하고 싶었지만, 그 선택지는 내게 주어지지 않았다. 신입사원에게 그럴 자격도 주어질 리 없겠지만, 전문적인 일에 대한 경험이 없던 나에게 과연 어떤 게 잘 맞는 일인지 알 길이 없었다.

학점도 낮고 특별한 스펙이 없던 내가 HP에 자리가 나서 들어간 부서는 영업관리부서였다. 영업관리는 외국계 기업에서도 가장 쉽게 문을 두드릴 수 있는 곳이었다. 하지만 안타깝게도 난 그 일에 정말 소질이 없었다. 영업관리부서는 영업담당 부서원들이 오더를 따오면 그것을 관리하는 시스템을 담당하는 부서인데, 그때 하필 우리나라에 IMF가 터져서 오더는 한 달에 한 건도 제대로 들어오지 않았다. 그러니 1년 해봤자 처리해야 할 일이 몇 건 되지 않는 것이다.

그 와중에도 나는 실수를 했다. 팀 매니저는 날 보고 혀를 끌끌 차며 "또 실수했냐? 너 정말 글렀구나." 했다. 시험지에 마킹도 덜했는데 낙제 점수가 날아오는 것 마냥, 일은 제대로 시작도 못했는데 저

평가자라는 낙인은 순식간에 꼬리표처럼 따라붙었다. 워낙 털털하고 디테일이 약한 성격이다 보니 이런 일에서 좋은 평가를 받을 리가 없었다. 내 장점이 사람에 대한 관심이 많고, 그들이 잘하는 게 무엇인지 잘 캐치하는 것이었는데 그 나이, 그 직급에 그 자질이 무슨 필요가 있겠는가. 아무리 잘하려고 해도 점점 단점만 부각이 되었다. 그러다 보니 그 '잘'하려는 노력도 점차 사그라졌다. 처음의 내 의욕과는 상관없이, 마치 나는 일에 대해선 의욕도 열정도 없는 사람처럼 비춰지고 있었다. 그만큼 위축되는 것은 말할 것도 없었다.

세 번째 실수를 딱 하고 나니, 매니저는 "또 실수했어? 너 그럴 줄 알았다." 했다. 이미 소문이 쫙 나니 다른 데서도 날 쉽게 받아줄 리가 없을 것이었다. 그렇다고 회사를 그만둘 수는 없는 상황이라, 회사 내 사람들과의 교류를 하면서 정보를 얻고자 하는 마음에 동호회에 가입했다. 그 안에서 내가 가고 싶은 부서의 팀 매니저를 만나거나, 다른 부서의 사람들을 만날 때면 "그쪽에 부서원을 뽑을 때면 꼭 말해주세요. 열심히 해볼게요."라고 부탁했다. 난 덜렁대는 만큼 소탈하고 늘 잘 웃고 밝은 모습이라, 사람들은 그런 점에서 나를 인간적으로는 좋아했던 것 같다. 그러니 나를 딱하게 본 사람도 있을 것이고, 도와주고 싶은 마음도 생겨났을 것이다. 그렇게 다시 타부서에 면접을 볼 수 있는 기회가 주어지고, 나는 Payroll이라는 급여관리부서로 이동했다.

저평가자라는 낙인이 사라질 수는 없겠지만, 그래도 새로운 마음으로 시작한다면 잘할 수 있지 않을까 하는 생각에 일을 배우기 위해 노력했다. 그러나 절망은 쉽게 내 곁을 떠나지 않았다. 역시나 노력하면 할수록 나의 단점만이 수두룩하게 드러나는 상황이 반복되기 시작했고, '내가 무엇을 잘할 수 있을까' 하는 질문을 스스로에게 던지기가 두려워지는 상황까지 나는 내몰리고 있었다.

그렇게 나는, 5년 동안, 무려 다섯 번이나 부서이동을 했다. 1년에 한 번 꼴이니, 내가 그만두지 않고 회사에 발을 붙이고 있는 것 자체를 이상하게 생각하는 사람들도 있었을 것이다. 하지만 난 "왜 이렇게밖에 못 하나." 하는 소리를 참아가며 그래도 1년씩은 버텼다. 한 부서에서 1년도 못 있으면 단순히 일을 못 하는 것을 넘어 나라는 사람에게 문제가 있다는 평을 받게 될 것이기 때문이었다.

5년이라는 시간을 보내면서, 당시 나는 '절망감'이라는 단어가 떠오르지 않을 정도로 절망스러웠다.

'내가 지금 커다란 절벽 앞에 서 있구나.'

방 한 칸 얻을 돈도 없는 막막한 상황, 회사에서는 저평가자라는 낙인. 팀 매니저의 부정적인 눈빛을 참아내며 1년을 겨우 버티면 또 다른 부서로 이동…… 나에게 '미래'라는 말은 어울리지 않았다. 내일, 아니 당장 오늘을 어떻게 살아내야 할지가 고민이었고 어려운 숙제였다.

지하철역에서 30분을 걸어
북아현동 꼭대기 동네 옥탑방으로 향할 때면,
서울, 이 많은 건물과 집들 중
어쩌면 내 몸 뉠 작은 방 한 칸이 없을까 하는 생각에
괜히 서글퍼지곤 했다.

버티는 자에게만
주어지는 답이 있더라

"아무 일도 하지 않고 절망만 하고 있으면 그 무엇도 달라지지 않는다.
일단 무슨 일이든 도전해야만 현실을 바꿀 수 있다."
-《긍정이 걸작을 만든다, 윤석금》 중에서

우연히 알게 되어 좋아하게 된 책《사막을 건너는 여섯 가지 방법》을 쓴 스티븐 도나휴는 세계적인 컨설턴트다. 하지만 그는 여러 직업을 전전했고 이혼을 하는 등 인생의 우여곡절을 거치며 살았다. 그리고 어느 날 문득 생각하게 됐다. '왜 모든 사람들이 마치 산을 오르듯 목표를 세우고 그것만 좇으며 살아가는 걸까.' 자신이 힘든 것은 산꼭대기를 향해 올라가는 방법을 몰라서가 아니라 자신이 지금 서 있는 곳이 어딘지 모르는 데서 비롯된 것인데 말이다. 그리고는 20대에 했던 사하라 사막 여행을 떠올리게 된다. '인생은 산을 오르는 것보다 사막을 건너는 것과 더 닮았구나…….' 하는 깨달음을 얻으면서.

산은 그곳에 서 있지만, 사막은 바람 따라 변한다. 그래서 어쩌면 우리의 인생은 산보다 사막과 더 닮았을지 모른다. 우리는 살아가며 목표에 이르는 법을 배우는 것이 아니라 변화하는 삶에 적응해나가고, 또 그 속에서 내가 가야 할 길을 개척하고 발견해나가기 때문일 것이다. 당시엔 나도 그 책을 읽으며 한참 동안 깊은 생각에 잠기곤 했다.

어쨌든 돌이켜보면 '내가 지금 어디에 있는가.'에 대한 질문이 가장 잦았고, 또 그에 대한 대답이 전혀 떠오르지 않았던 때가 나에겐 20대 후반의 시절이었다. 내 사회생활이란 게 마치 한 번 구경조차 해본 적 없는 막막한 사막 위에 놓인 것처럼.

내가 들어간 부서들에서 일하는 사람들은 모두 베테랑 같았다. 이미 자신의 일에 익숙해진 그들 속에 나는 못난이 부적응자 같았다. 환영받지 못하고, 열심히 해도 열심히 하지 않는 사람처럼 비춰졌다. 무엇이 문제일까. 고민을 하고 있으면 또 다른 부서로 가야 했다. 새로운 시작은 또 다른 방황을 불러왔고, 자신감은 점점 상실되었다. 그때 한 가지 강하게 들었던 생각이 있었다.

'나는 과연 이 사막을 건널 마음의 준비가 된 것일까.'

그런데 웃긴 건 누구도 내게 어떻게 그 마음의 준비를 할 수 있는지 가르쳐준 적이 없다는 사실이었다. 우리는 그 누구도 그 방법을 배우지 않는다. 열심히 하라는 격려나 그렇게 살면 안 된다는 잔소리는 우리에게 삶의 가이드를 제공해주지 않는다. 그렇게 아무것도 모른 채 함수 풀이를 하고, 영어 단어를 외우다 대학에 들어가고, 내 꿈과 관계없는 전공수업이라는 걸 듣게 되고, 그러다 어느 날 자신의 삶을 스스로 책임져야 하는 어른으로서 일터에 놓이게 된다.

이럴 때는 어떻게 해야 하는지 나는 알 수 없었다. 저성과자? 성적으로 점수가 매겨지던 학창 시절과는 또 다른 느낌이었다. 공부를 못해도 친구들과 잘 지내면 학교생활에 문제가 없었던 학창시절과는 다르지 않은가. 일도 제대로 못하고 사람들과 잘 지내기만 하면 언젠가는 잘리고 말 것이다.

학교 선생님도, 함께 술 마시던 선배도, 부모님조차도…… 내게 단 한 번도 가르쳐준 적 없는 이 상황. 하지만 나는 단 하나, 내가 할 줄 아는 게 있었고 그게 이 상황을 돌파할 수 있는 유일한 방법이라고 믿었다. 바로 '버티는 것'이었다.

절망 속에서 버티는 법

나는 '요즘 사람' 운운하는 것을 싫어한다. 선배, 후배 할 것 없이 두루두루 친하게 지내는 나로서는 사람을 굳이 요즘 사람, 옛날 사람으로 나누어 말하는 게 꼭 합당하다고 생각하지는 않기 때문이다. 선후배들과 어울리다 보면 먼저 세상을 산 선배들에게도 배울 것이 있고, 때때로 후배들로부터도 귀한 배움을 얻게 되기도 한다.

그런데 딱 한 가지. 내가 굳이 선배로서 요즘 젊은이들에게 해주고 싶은 이야기가 있다면 그것은 바로 '버티는 법'에 대한 것이다. 나는 언제나 녹록지 않은 내 삶을 포기할 수 있었고, 사람이기 때문에 수시로 그런 생각들이 올라왔다. 하지만 그 생각은 최대한 짧게, 난 내게 주어진 '기회'에 조금 더 집중했다.

스티븐 도나휴가 그랬고, 내가 아는 유수의 기업 CEO들이 그렇듯 처음부터 자신이 가야 할 미래를 결정하고 그것만을 바라보며 성공한 경우는 드물다. 나 역시 지난하다면 지난하고, 변화무쌍하다면 변화무쌍한 청년의 시절을 보내며 깨달은 것이 하나 있다면 바로 '버티고 기다리면 기회가 온다'는 사실이었다.

당시 그 회사를 나온다고 해도 뾰족한 수가 없다는 사실이 하나의 이유이기도 했지만, 난 포기하고 싶지 않았다. 그리고 스멀스멀 내 마음속에서 이런 생각이 꿈틀거렸다.

'버텨보자. 그리고 찾아보자. 내가 뭘 잘하는지.'

지금 생각해보면 오기였던 것도 같지만, 그때는 절박함이었다. 어디에서 무엇을 하든 쓸모없는 존재가 된다는 것이 싫었다. 그 절박함은 그곳에 살아남아 돈을 벌고 성공을 해야겠다는 절박함보다는, 내가 지금 어디에 있는지를 알아내고 그곳에 있어야 할 이유를 스스로 찾아내고자 하는 절박함이었다. 하루에 1시간씩 땀이 흥건하게 젖어가며 걸어서 지하철 타고 출퇴근을 하고, 다섯, 아니 나까지 여섯 식구가 옥탑방에 오밀조밀 모여 살며 버텨내고 있는 삶인데. 내가 나를 버리면 안 되는 일이었다. 한 번 포기하면, 두 번 포기하게 되고, 그것은 세 번, 네 번, 습관이 되고 '이건 내 길이 아니야.'라는 쉬운 핑계를 되게 될 것 같았다.

5년 동안 다섯 번. 그렇게 부서이동을 하다 마지막으로 가게 된 부서에서 나는 조용히 기회를 기다리기 시작했다. '분명 나라는 사람의 쓰임새와 내 가슴을 뛰게 하는 일이 내게 주어질 것이다. 그때 그 한 번의 기회를 놓치지 않기 위해서라도 나는 기다린다.' 하면서.

막다른 골목은 새로운 길의 시작이다

절망 속에서 유일하게 붙든 희망은 절대 이 회사를 떠나지 않고 이 안에서 내가 잘하는 것을 찾겠다는 생각이었다. 나도 사람인데 회사를 떠나고 싶단 생각을 왜 안 했겠는가. 하지만 또 새로운 곳에 가서 적응하고, 어차피 또 내가 잘하는 게 무엇인지를 찾아야 한다면, 외국계 기업의 특성을 살려 이 안에서 부서 간의 이동을 통해 도전해보면 될 일이었다. 국내의 대기업이었다면 불가능했을지 모르지만 외국계 기업은 사정이 달랐다. 포기만 하지 않는다면, 기회는 얼마든지 있었다. 지금 생각해보면 전략적인 판단이었고 또한 행운이었다. 그리고 새 회사를 가기 위해 서류전형부터 전부 다 준비한다는 것 자체가 당시엔 참 막막하긴 했다. 시간적인 면에서도, 가능성의 면에 있어서도 이 편이 나을 것 같았다. 그리고 다섯 번째 부서는 그 방황의 마지막이 되길 간절히 바랐다.

그렇게 떠돌다 다섯 번째로 들어간 팀은 '세무*'와 관련된 부서로, 실은 회사에선 가장 인기가 없는 부서였다. 아무도 가지 않겠다고 했지만 나는 자진해서 그 부서로 들어갔다. 결과적으로는 더 이상 부서를 옮기지 않고 5년 동안 그곳에서 버티긴 했지만 결코 일이 잘 맞아서는 아니었다. 오히려 처음에 그곳은 내게 더 큰 절망을 안겨줬다.

세무 부서는 정말 인기가 없었다. 구조적으로 특별한 성과를 낼 수 있는 부서가 아니었기 때문에 구성원들 자체가 이미 많이 위축되어 있고, 정체된 느낌이었다. 사람들은 우리 부서를 '가망 없는 부서'라고 불렀다. 그도 그럴 것이, 우리 부서의 최고 높은 직급, 즉 우리의 수장이 회사에서 '부장'이라는 타이틀을 달고 있으니 아무리 열심히 해도 그 이상은 되지 않을 거라는 생각이 모두에게 깔려 있었다. 게다가 세무라는 분야는 쉽지도 않고, 재밌지도 않았다. 국세청이나 각종 기관 등 다양한 사람들과 소통해나가야 하는 어려움이 있었고, 우

---

* 세무: 세금을 매기고 거두어들이는 일에 관한 사무
조세: 국가나 지방자치단체가 그 경비에 충당할 재력을 얻기 위하여 반대급부 없이 일반국민으로부터 강제적으로 징수하는 금전 또는 재물

리가 상대해야 하는 사람들은 모두 보수적이고 까다로웠다.

　나도 예외는 아니었다. 처음 들어가서 이런저런 소문을 들었을 때 참 막막했다. 왜 하필이면 또 이런 부서로 왔을까. 게다가 세무라니. 나는 디테일에 약한 사람인데, 이런 일을 완벽하게 해낼 수 있을까? 덤벙대고 실수하다가 이제는 저성과자가 아닌 무성과자, 아니 성과 파괴자가 되는 건 아닐까? 별별 생각이 다 들었다. 배워야 할 것이 산더미처럼 쌓였고, 한숨이 절로 나왔다. 하지만 나는 다른 부서에서도 일을 잘하는 사람이 아니라는 평가가 이미 공유된 상태였고, 여기서 더 이상 또 다른 부서로 옮기는 것도 이젠 현실적으로 힘들었다.

　"막다른 골목이다. 이제 그만 방황하자."

　마음속으로 할 수 있는 유일한 말은 이것이었다. 5년 동안 방황은 해볼 만큼 했고, 이제 앞으로의 시간은 방황이 아니라 배움과 도전의 시간이 되어야만 했다. 지금 생각해보면 나라는 사람은 참 뻔뻔하다 싶을 정도로 그 상황을 극복해내고자 하는 무모한 용기가 있는 사람이었다. 5년을 방황한 것도 모자라 구경조차 한번 해본 적 없는 세무 관련 일이라니. 그래서 역시 출발은 좋지 않았다.

　"아니, 너는 대체 뭐하는 사람이냐. 기본이 안 되어 있네!"

　사람들은 여전히 실수투성이인 내게 이런 말을 밥 먹듯이 했다. 하지만 나는 "죄송합니다. 열심히 배우겠습니다." 하며 웃었다. 그 웃음은 정말 순수한, 진심에서 우러나온 것이었기에 사람들은 나를 미워하지 않았다. 그리고 난 그들이 나를 보고 답답해하면서도 어쨌든 이곳을 마지막이라 생각하고 열심히 노력하는 모습을 보며, 마음으로는 응원해주고 있다는 것을 알았다. 그래서 더 노력해야 했다.

그렇게 그곳에서 나는 기적처럼 5년을 버텼다. 버텼다기보다는 점점 적응하고, 그 일에 대한 재미를 느끼기 시작했다.

사람들이 세무 부서에서 느끼는 가장 큰 스트레스는 외부 사람들과의 소통이었다. 국세청, 서울지역 및 지방 관할담당 세무서들, 관할시청, 관할구청, 금융감독원, 회계법인, 로펌…… 그들과 일하는 것은 결코 쉽지 않았다. 앞에서 말했듯 그들은 보수적이고 까다롭고 확실한 갑의 입장에서 회사의 담당자들을 대할 수밖에 없었다. 그러니 그들이 무섭고, 이 일 자체에 대해서 실수와 리스크를 떠안는 데 대한 두려움이 있었던 것이다. 그래서 우리 부서 사람들은 자주 스트레스를 받았고, 틀에 갇힌, 시스템화된 방식으로 일을 처리하는 데 익숙해져 있었다.

그런데 나는 조금 달랐다. 더 직설적으로 이야기하자면, 나는 그 일이 참 재밌었다. 마치 물 만난 물고기처럼, 그들과 소통했다. 내가 잘 모르는 부분에 대해서 훨씬 더 방대한 지식과 경험을 가지고 있는 사람들과, 나는 이 부서의 이 업무를 담당하는 사람으로서 서로 교류한다는 사실이 신기하고, 즐거웠다. 원래 사람을 좋아하기도 하지만,

무엇보다 그들로부터 배울 게 많았고, 모든 일은 역시 사람 대 사람이 하는 것이기에 부딪혀서 서로 이야기를 하다 보면 많은 일들이 원활하게 해결될 수 있다는 것을 알게 됐다.

그렇게 일을 배워나가면서, 또한 우리의 고객들과 상대하면서 나는 욕심이 나기 시작했다. 그들과 소통을 하는 시간 동안 그들이 세무적인 식견을 이야기하면 자극을 받게 된 것이다. 그들이 내게 보여주는 수많은 경험에 대한 이야기, 그리고 지식적인 부분들은 나에게 큰 간접경험이 되었다. 하지만 그것으로는 부족했다. 나도 빨리 배워서 그들과 동일한 선에서 대화하고 소통하고 싶다는 강한 욕심이 생겨났다.

소통의 귀재,
한국의 꼬마 제임스

"무엇을 하는 데 있어 옳은 방법은
하나뿐이라고 생각하는 경향을 버릴 필요가 있다."
– 《내가 보고 싶었던 세계, 석지영》 중에서

어쩌면 처음이었을지도 모른다. 일에 대해서 그만큼의 욕심과 애착이 생겨났던 것은. 모두가 보수적이라 여기고 따분했던 그 일이, 아침에 일어나면 가슴을 두근거리게 만드는 일로 바뀌기까지 물론 나에게도 여러 사연들은 있었겠지만 일단은 기뻤다. 사람들을 만나서 듣고, 배우고, 또 혼자서 공부하는 시간들은 지속되기 시작했고, '세무'라는 특정한 분야에 대해 파고들기 시작하면서 마음속에 여러 의문이 들기 시작했다.

"왜 한국에서 세무를 하는 사람은 미국 본사의 임원이 될 수 없을까? 정말 불가능한 일일까?"

우리 부서의 최고 수석은 부장(이분은 너무 훌륭한 성품으로 내 인생에서 순수함의 상징이 되셨다. 퇴직하셨지만 아직도 내 인생의 형님으로 모시고 있다). 나는 대리. 정말 열심히 해서 20~25년 안에 부장을 달면 '만년 부장'이 되어서 내 생을 마감해야 하나. 그렇다면 나는 어떤 희망과 목표를 가지고 살아가야 하지? 물론, 그때쯤 나는 그 상황에 맞춰 또 다른 목표를 만들고 이뤄내며 살겠지만 지금 내가 좋아하는 이 일로 그렇게 될 수는 없을까? 대체 뭐가 문제일까.

그 문제의 중심에는 '국제조세'라는 것이 있었다. 국내에 관련된 세무만 해서는 결코 본사 임원이 될 리 없었다. 글로벌 다국적기업의 모든 거래가 국제적으로 이루어지기 때문에 본사 임원이 되려면 국제조세를 해야 하니 누구도 도전할 엄두를 내지 못했다.

"불가능한 일이야."

정말 한소리로 입을 모아 말했다. 나의 질문은 그야말로 '엉뚱한' 것이었다. 하지만 내 생각은 달랐다. '다 같은 사람인데 미국 사람, 서양 사람만이 본사 임원이 되고 국제조세를 총괄하는 임원이 되어야 하나?' 그리고 그 의문은 내게 '도전해봐. 못할 게 뭐가 있어.'라는 생각을 자꾸만 심어주었다. 그리고 나는 새롭게 그 일에 대한 도전을 시작했다.

먼저, 공부를 해야 했다. 한국에서도 세무와 관련해 전공을 하지 않았는데 국제조세라니. 처음에 조금 막막했지만, 못할 것은 없었다. 그러나 실제로 공부를 할 수 있는 환경이 잘 갖추어지질 않았다. 처음에는 다른 나라에 있는, 나와 같은 일을 하는 사람들과 소통하기 시작했다. 그리고 대학원도 알아보았다. 어떻게 하면 이 분야에 있어서 유일성을 가진 사람이 될 수 있을까, 고민도 하기 시작했다. 그러면서 나는 절망에서 이제 막 알을 깨고 나온 나에게, 삶의 중요한 방향성을 안내해줄 한 명의 멘토를 만나게 된다.

'한국인이어서 못해'가 아니라 '한국인이라서 잘해!'

스티븐 쉬(Steven shee)는 당시 HP 미국 본사 고위임원으로 미국계 중국인이었다. 중국인인데 초등학교 때 미국으로 건너가서 유일하게 아시아인으로 HP의 임원을 하고 있는 분이었다. 그는 2000년대 초반부터 국제조세 분야의 일을 하고 있었다. 지금도 별반 다르지 않지만 그 당시 외국계 본사의 임원은 대부분 미국 사람이었다. 게다가 2000년대 초반에는 미국 사회에서 중국인들의 영향력은 그렇게 크지 않았다. 그런 그가 그 자리에 오르기까지는 분명 많은 히스토리가 있었을 것이다.

"손을 들지 않으면 기회는 오지 않아."

그는 HP본사의 부사장급 고위임원, 나는 한국 HP의 대리. 실은 그와 내가 만난다는 것 자체가 굉장히 특이한 상황이었다. 그런데 그런 그가 나와 심도 있는 대화를 나눈다니. 지금 생각해도 참 신기한 일이다. 한국에 출장을 왔던 스티븐은 나를 보자마자 자기를 보는 것 같았다고 했다. 그러면서 자신의 이야기를 들려주었다.

"처음 미국에 왔을 때 정말 막막했지. 아니, 어쩌면 절망 그 자체였어. 미국에서 중국인, 별 볼일 없었거든. 하지만 1990년대에 나는 손을 들었어. 아시아인들이 서양 사람들 속에서 위축된 채, 임원들과 제대로 눈도 못 마주치고 있을 때 나는 손을 번쩍 들었지. 그리고 말했어. '제가 한번 해보겠습니다.' 하고 말이야. 사람들은 나를 처다보았어. 그리고 무모하고도 당찬 내 모습에 집중했지. 물론, 어떤 사람들은 그런 날 비웃었겠지만, 나는 결코 주저하지 않았어. 제임스, 이제 너도 한 걸음 앞으로 나아가자! 손을 들 때가 되었어."

사실, 국제조세에 있어서 나는 이제 막 걸음마를 뗀 사람에 불과했다. 불과 몇 년 전까지만 해도 저성과자에 사람들로부터 '덜렁이'라 불리던 못 미더운 사람이 아니었나. 그런데 이런 나에게 손을 들라니. 그리고 기회를 잡으라니. 그것도 한국이 아닌 세계를 보면서 말이다. 하지만 스티븐의 이야기는 내 마음을 심하게 흔들었다. 그리고 나는 깨달았다. 내 마음속에 이미 그 꿈의 씨앗이 심어져 있었다는 것을 말이다. 공부를 하고 연구를 할수록 국제조세라는 것은 단순히 양식 안에 숫자를 기입하는 일을 넘어 소통과 조율을 통해 만들어나가는, 창의성과 협력을 필요로 하는 일이라는 것을 알게 되었다. 그리고 사람에 대해 관심이 많고 긍정적이며, 무슨 일이든 '다 함께 잘 되는 것'에 초점을 맞추길 좋아하는 나의 적성에 이 일은 말 그대로 '딱'이었다. 나는 겨우 대리에 불과했지만, 스티븐은 5년 넘게 나를 멘토링해주었다. 나는 그의 말에 바짝 귀를 기울였으며, 기회가 오면 반드시 손을 들었다.

사실, 한국인은 다른 나라 사람들보다 훨씬 일을 잘한다. 한국 사람들은 소통을 잘하고 위트도 있고 배려심도 있다. 그리고 국제조세 공부를 해보니 생각보다 쉬웠다. 하나둘 해나가다 보니 재미도 있었다. 분명 다른 한국인들도 나와 다르지 않았을 것이다. 내가 유별나서가 아니라 기본적으로 머리도 좋고 위트도 있는 한국인들에게 이 일은 참 잘 맞다. 그러나 그들은 손을 들지 않았다. 두려움에 꽉 차 있었고, 지금껏 그 누구도 이 일에 도전하지 않았기 때문에 그 새로운 길로 발을 들여놓을 생각을 감히 하지 않았다.

프로젝트는 언제나 있었지만 한국 사람들, 아니, 아시아 사람들은 그 누구도 손을 들지 않았다. 그런데 나는 손을 들었다. 스티븐의 말처럼 그래야만 기회가 주어진다고 생각했다. 나라고 두렵지 않았을까. 자신도 별로 없고, 척척 해낼 거란 보장도 없는데. 그러나 손을 들었다. 나의 무모함이, 아시아인으로서 이 길을 개척하는 첫 번째 발걸음이 된다면 그것도 의미가 있는 일일 테니까. 그렇게 손을 들었고, 나는 하나둘씩 프로젝트를 맡기 시작했다. 아시아인들은 그 누구도 손을 들지 않는데 내가 손을 드니, 미국 본사에서 봤을 때 '제임스 저 친구는 대체 뭐지?'라며 이상하게 생각했다. 그런데 나는 역시 한국인이었고, 이 일은 '소통'의 기술과 열정이 요구되는 일이었기에 잘 해냈다. 그렇게 하나둘씩 프로젝트를 성공적으로 해나가다 보니, 사람들은 나를 '코리아 제임스'라고 부르며 좋은 평판을 안겨주기 시작했다.

 이 일은 꼭 지식만으로 하는 일이 아니었다. 많은 일이 소통으로 이루어졌는데, 소통만 잘하면 풀리는 일이 대부분이어서 나는 유리했다. 팀워크가 좋으니 사람들은 나와 일하기를 좋아했다. 그리고 어느새 사람들은 글로벌, 아시아 태평양 프로젝트가 있으면 당연하다는 듯 "코리아 제임스에게 연락하라."고 말하기 시작했다. 상황이 완전 뒤집힌 것이다. 나는 '한국인이어서' 할 수 없다는 생각을 엎어버리고 싶었고 그렇게 됐다. 이젠 '한국인이라서' 더 잘할 수 있다는 자부심을 갖게 됐다.

 사실, 언어 때문에 소통이 마냥 쉬운 것은 아니었다. 나도 영어가 유창한 사람이 아니지 않은가. 유학파도 아니고, 네이티브처럼 할 수 없으니 처음엔 막막했다. 하지만 하고 싶은 말이 있으면 끝까지 했다. 알아듣고 못 알아듣고는 그쪽의 문제니까, 난 어떻게 되었든 내가 하고 싶은 말은 모두 전달하기 위해 노력했다. 만약 못 알아들으면 다시 연락하라고 했고, 내가 말하다 표현을 다 못하는 상황이 생기면 컨퍼런스가 끝나고 이메일이나 다른 수단으로 다시 알려주는 식으로 소통했다. 그건 지금도 마찬가지다. 아마 요즘 젊은 사람들과 함께 영어 테스트를 받는다면 중상 정도 나오지 않을까.

내친 김에, Step up, up!

스티븐의 멘토링에 따라 나는 계속해서 손을 들었고, 사람들은 코리아 제임스를 기억하기 시작했다. 그리고 이제 한국이 아닌 미국, 해외의 세무와 관련된 프로젝트를 진행하게 되었다. 그게 결국 국제조세였다. 그러면서 스티븐은 내게 또 다른 조언을 하게 된다.

"제임스, 세무는 기본적으로 비즈니스의 현실을 알아야 한다. 비즈니스의 현실, 비즈니스 모델을 정확히 인지해야만 정확한 세무컨설팅을 할 수가 있어."

생각해보면 나의 공부는 회사에 들어가서 본격적으로 시작이 된 것 같다. 그 전까지는 제대로 한 분야에 대해 깊이 공부를 해보지 못했다. 경영학을 하고 싶었는데 점수에 맞춰 경제학과를 들어갔고, 비슷할 거라고 생각했는데 전혀 다르다는 걸 알고는 금세 흥미를 잃고 공부에는 손을 놓았다. 그나마 영어를 좀 좋아해서 영어 공부만 하다 보니 대학에서 전공 공부는 거의 못한 셈이 된 것이다.

스티븐의 조언에 따라 나는 경영학 공부를 시작했다. 국내의 경영

대학원을 알아보다 해외 MBA과정이 국내 대학교와 조인트한 과정이 있다는 것을 알게 됐다. 예를 들어, 한국에서 일정 기간 공부를 하고 나머지 기간은 해외에서 공부를 하는 식으로 섞어서 공부를 하면, 동시에 학위를 주는 과정이 있었던 것이다. 일을 하면서 한국에 있는 대학교에서 학위를 따는 것만으로도 벅찼기 때문에, 미국을 오가거나 온라인으로 별도 공부를 한다는 게 여러 면에서 녹록지는 않았다. 하지만 나는 그때에도 오랫동안 고민하지 않고 선택을 했다. 내가 지금 하고 있는 이 일에 좀 더 전문성을 갖고 깊이 있게 알고 싶다는 욕심이 있었기 때문이다. 나는 흔쾌히, 기쁜 마음으로 그 과정을 수료했다. 어렵지만 스스로 도전해서 어려운 과정 하나를 통과한, 통쾌하고도 벅찬 기쁨이 있었다.

그리고 이렇게 하나의 도전을 성취하고 나니, 또 다른 욕심이 생겨났다. 우리나라에는 국제조세에 관련한 전문가가 별로 없다는 사실. 이것은 이와 관련된 공부를 시작하면서 더 절실히 알게 된 부분이었다. 국제조세를 알기 위해서는 국내에 있는 전문가를 찾아다니며 조언도 구하고 연구도 해야 하는데, 물어볼 곳도 없고 전문가도 없고 배울 수 있는 곳도 없는 게 아닌가. 수소문을 해보니 서울시립대에 유일하게 국제조세와 관련된 박사 과정이 있었다. 그러다 보니 마음에 뚜렷한 목표가 생겨나게 된 것이다.

'전 세계 친구들이 대한민국에 국제조세, 하면 나를 떠올리게 만

들자.'

한국세무를 하는 전문가들은 수두룩했다. 이미 세무사, 회계사, 변호사들도 한국세무에 있어서는 베테랑이었다. 한국세무를 담당하는 정부기관은 기획재정부, 국세청인데 회사의 세무 담당으로 정부기관의 정책에 따라 회사세무를 처리해야 하기 때문에 아무래도 그 기관에 가면 우리는 대부분 을이 되고, 기관들은 갑이 된다.

나는 적어도 서로 동등한 관계에서 조율하는 사람이 되고 싶었다. 한국에서 한국세무만 하면 최종 목표에 한계가 있으니 나는 국제조세를 하자, 해외에 있는 사람들도 국제조세와 관련해서는 '한국에선 제임스'라고 인식하게 만들자, 하고 다짐했다.

그리고 그 꿈은 곧 이루어졌다. 나는 얼마 후 '코리아 제임스'가 되었다. 해외에는 제임스가 많다. 하지만 난 한국에 있으니 코리아 제임스가 된 것이다. 어느 순간 국제조세에 이슈가 있으면 "코리아 제임스에게 물어보라."는 것이 하나의 관례처럼 되어버렸다.

삶이라는 넓은 사막에서
내가 밟아온 발자국을 따라 올 수 있도록
도와줄 수 있다면

유일, 최초,
하지만 여전히 과정 속에 있다

"남이 만들어놓은 전장에서 게임을 주도하는 것은 불가능하다.
나만의 방식으로 싸울 수 있는 구도를 만드는 것이 승리의 지름길이다."
- 《현대카드에는 분명한 이유가 있다, 김성철》 중에서

코리아 제임스로 불리게 된 데에는 두 가지 커다란 이유가 있었다. 하나는, 일을 하면서 공부를 하다 보니 실무와 학문이 동시에 겸비되었다는 사실이었다. 난 서울시립대에서 국제조세 전문가로서 박사를 따고, 관련된 공부에 집중했다(처음엔 미덥지 않은 나를 잘 챙겨준 박사 동기들과 꼼꼼히 지도해주신 교수님들께 다시 한 번 감사의 마음을 전하고 싶다). 파트타임으로 박사 과정을 하다보니, 공부를 하는 동시에 HP 내에서 관련된 실무를 봐야 했다. 업무 자체가 그렇다 보니 케이스 스터디가 되는 일이 무척 많았다.

'아…… 그동안 내가 해왔던 일들이 국제조세의 관점으로 보니 이렇게 해석이 되는구나.' 하며 이해가 되었다. 학교에 가서 지식의 축

적을 함과 동시에 실무를 통해 직접적인 경험을 얻게 되는 셈이었다. 그러다 보니 실력이 정말 쑥쑥 자랐다. 실제로 일을 하면서 '이렇게 하면 되겠구나, 저렇게 하면 되겠구나.' 하고 배운 것을 적용해나가다 보니 남들보다 훨씬 빨리 업무에 대한 이해도도 높아지고, 국제 조세에 대한 성숙도도 높아졌다.

공부도 하고, 실무도 하니 그에 대한 케이스 스터디가 많이 되어서, 이것을 다시 논문으로 쓰게 되었다. 박사 학위 과정에서는 나의 실무 경험이 학문으로 녹여져 인정을 받았고, HP 입장에서는 내가 공부한 학문이 실무에 녹여짐으로써 실무에 대한 통찰력이 가미되니 '학문이 이렇게 적용될 수 있구나.' 하는 관점에서 인정을 받았다. 정말 기쁜 순간이었다.

나는 인터내셔널 조세 관련 잡지, 해외의 각종 잡지들, 네트워크 사이트 등에 내 이름으로 된 기고문을 쓰기 시작했고, 내 이름으로 된 발표와 토론에도 참여하게 됐다. 그리고 HP 내에서 국제조세 전략을 짜는 회의를 할 때 직접 참여해 발언을 했고, 처음에는 흘려듣던 사람들도 점점 내 얘기에 귀를 기울이기 시작했다. 그리고 어려운 환경 속에서도 끝까지 공부한 끝에 박사학위를 받게 되면서, 나는 이제 '코리아 꼬마 제임스'에서 '국제조세 구루 제임스'라는 별명을 갖게 된다.

명분 있는 소통의 기술

　이런 별명을 얻게 된 또 하나의 큰 이유가 된 일이 있었다. HP가 한국에서 '이전 가격*'과 관련된 이슈가 생겨서 세무조사를 받게 되었고, 그 결과에 따라 상호합의 절차에 들어가게 된 것이다. 이는 국가 간 세무조사에 대한 세금 문제로 협상을 하는 것인데, 한국 국세청과 미국 국세청, 스위스 국세청이 HP의 세무조사 결과치를 가지고 협상에 들어가게 되었다. 이때 내 삶에 또 한 번의 변화가 되는 중요한 일이 일어난다.

　그때까지는 HP 본부에서 이런 상호합의 절차를 할 때 보통 미국 본사의 세무 담당 임원들이 미국의 유명한 회계법인과 로펌에 용역을 주고, 그들을 통해 일을 진행하게 된다. 그러면 그들이 일을 진행한 후 임원들에게 보고를 하고, 임원들이 큰 결정을 하는 식이었다. 한국의 경우도 예외가 될 수 없었기에, 이와 관련된 업무를 미국 로펌에 주된 용역을 주고, 한국에서는 회계법인을 통해 지원을 해주는 방식으로 진행을 하게 했다. 하지만 그때 나는 다시 한 번 손을 들었다. 미국 국세청, 스위스 국세청 사람들과 HP 대표로 상호합의 프로젝트 협상을 직접 총괄해보겠다고 제안을 한 것이다. 지금껏 그 누구

---
* Transfer Price, 기업이 해외에 있는 자회사나 지점과 원재료 또는 제품을 거래할 때 적용하는 가격.

도 하지 않은, 모두가 놀랄 만큼 무모하고 대범한 행동이었다.

미국의 유수한 로펌 사람들과 조율하던 일들을, 한국의 조그만 꼬마 제임스와 다이렉트로 소통하려고 하니 처음엔 다들 얼떨떨해했다. 하지만 나는 이 작은 꼬마 제임스가 얼마나 잘할 수 있는지, 제대로 보여주고 싶었다. 절망 속에서 저성과자로 평가되면서 10년을 버텨온 제임스가 더 이상은 기존의 사람들이 알던 어리바리한 제임스가 아님을 보여줄 수 있는 확실한 기회일지도 몰랐다. 무엇보다 진심으로 그 일은 내게도 중요하다고 생각되었고, 우리 부서의 대표로서 당연히 최고의 결과를 이끌어내는 데 큰 몫을 하고 싶었다.

스위스 국세청의 상호합의 담당 직원과 함께 HP의 전략에 대해 이야기하기 시작했다. 논리에 어긋나지 않게, 상대방의 입장에서도 충분히 납득하고 윈-윈할 수 있는 전략을 제안하는 것이 나의 목표였고, 시작은 쉽지 않았지만 담당자들은 점점 나를 신뢰하며 설득되기 시작했다. 무엇보다 양측 모두에게 명분이 있을 만한 전략으로 결론을 도출하기 위해 노력하니, 결과적으로 모두가 만족스러운 상황으로 흘러가게 된 것이다.

이때 내 마음속에는 한 가지 확실한 방향이 있었다. 한국에 있는 다국적기업은 한국에서 얻은 이익에 대해서는 반드시 그에 합당한 세금을 내야 한다는 것. 먼저, 한국 사람으로서 그 베이스가 깔려 있었고 그 마음을 전달하기 위해 애썼다. 그리고 HP의 구성원으로서도 정당하게 사업을 영위해야 한다는 생각을 강하게 가지고 있었다. 그런 생각으로 한국, 미국, 스위스 국세청과 직접 소통을 하니 그 진심이 서로에게 전달이 되면서 최상의 결과가 만들어졌다. 우리는 모두 만족했고, 그들은 코리아 제임스를 다시 한 번 기억하는 계기가 되었다.

결과도 중요하지만 그동안 내가 쌓아온 소통의 기술이 적용되었다는 생각에 나는 더욱 기뻤다. 어떤 명분, 어떤 과정으로 이러한 결과가 나왔는지 그 소통의 과정이 정말 중요하다고 여기기 때문이다.

이 일은 나를 HP 내에서 굉장히 중요한 평가를 내리는 계기가 되었고, 나는 전 세계 HP를 향해 세무팀의 성공 스토리를 만들어 발표를 하게 된다. 그리고 HP 내에서 확실하게 자리를 잡게 되면서, 전 세계에 코리아 제임스라는 이름이 알려지게 된다.

나는 그 후부터 OECD나 UN 산하의 세무 관련 위원회의 자료들과 향후 추진방향을 연구하기 시작하면서 선제적으로 글로벌 다국적기업으로써 이러한 국제기구들의 세무 추진방향에 대응하는 프로젝트를 이끌게 된다.

포춘지 선정 100대 상위 글로벌 대기업에서 한국인이 아시아태평양지역의 조세재정을 총괄하는 국제조세 본부장이 된 것. 한국에선 거의 유일한 일이었고, 글로벌 대기업인 HP에서도 역사 이래 최초의 일이었다. 또한 그런 사람이 한국 법인의 대표이사로 등기가 되었다는 것. 그리고 다른 부서가 아닌 국제조세를 총괄하는 사람이 한국 법인의 대표로 등기가 된 것 역시 역사 이래 최초이고, 한국 사회에서, 또 글로벌 기업에서 거의 최초였다.

나라고 두렵지 않은 건 아니었다.
자신이 있어서 척척 해낼 거란 보장도 할 수 없었다.
그러나 손을 들었다.
나의 무모함이, 아시아인으로서 이 길을 개척하는
첫 번째 발걸음이 된다면
그것도 의미가 있는 일일 테니까.

절망은, 내 생애 최고의 멘토였다

> *"방법이 하나뿐이라는 건 이미 잘 알고 있었다.*
> *사실 언제나 그랬다.*
> *그냥 계속해서 길을 걷는 것뿐."*
>
> — 《와일드, 셰릴 스트레이드》 중에서

"넌 덤벙대고, 엄청 뺀질거려. 실제로도 일을 좀 많이 안 하는 것 같아."

지금은 웃으면서 이야기하지만, 이 말은 절망의 10년을 보내던 시기에 나와 가깝게 지내던 친구가 나에 대해 내린 평가였다. 당시 세무 부서에 있을 때 담당자를 만나러 다니느라 자리를 비우는 일이 잦았기 때문에 나의 노력과 상관없이 뺀질거리는 것처럼 보이는 일이 많았다. 게다가 실제로도 난 잘 덤벙대고 익숙해지지 않는 업무, 충분히 갖추어지지 않은 실력 때문에 여전히 실수를 저질렀으니 그렇게 평가한 것은 어쩌면 당연했다.

지금은 다른 기업의 CFO를 맡고 있는 친구인데, 이 부서 저 부서를 전전하며 방황하던 5년, 업무 스킬을 제대로 갖추지 못해 고전하던 세무 부서에서의 5년을 보고 난 후 나에게 그런 평가를 내린 것이다. 그러면서 "너는 성격이 재무 쪽엔 정말 맞지 않다."고 말했다. 하지만 이제 더 이상은 그렇게 평가하지 않는다. 나 자신이 변화되었다기보다는 나를 바라보는 그의 관점이 달라진 것이다.

"나는 그때 그 일이 전부인 줄 알았어. 지금 와서 보니 제임스 너는 큰 그림을 그리고 사람들과 소통하며 일의 전략을 짜고 팀을 이끌어 나가는 데 큰 자질이 있었던 것 같아. 그때는 나 또한 너무 어렸고, 큰 그림을 볼 만한 스케일도 없었기 때문에 그런 생각을 할 여유가 없었던 거지. 그저 일반적인 잣대로 널 바라볼 수밖에 없었던 거야."

그때 그런 평가를 내린 그가 틀린 것도 아니고, 지금 그가 하는 말도 틀리지 않았다. 어쩌면 절망의 시기를 보낸 10년 동안, 나를 아는 대부분의 사람이 내게 그런 평가를 내렸을지도 모른다.

나는 노력하지 않는 게 아니라, 내가 잘할 수 있는 일을 찾아서 자리를 잡는 데까지 시간이 걸렸던 것이다. 흔히 말하는 '승승장구'해서 여기까지 온 것이 아니라, 수많은 사람들의 우려와 그 우려를 저버리지 않는, 반복되는 절망 속에서 나는 성장해왔다. 잘 나가다가 무너지는 사람이 아니라, 잘 못할 것 같았는데 실은 아니었다는 드라마틱한 반전의 스토리를 가진 사람이 된 것이다. 그리고 난 그렇게 드라마틱한 반전의 삶이 나름 마음에 든다. 그런 생각을 할 때마다 당시 내게 닥쳤던 절망의 순간들이, 내겐 가장 소중한 멘토였다는 생각을 하게 된다.

유연한 사고는 겸손함에서 나온다

당시 사람들이 "너 왜 그렇게 일 안 하고 뺀질거리냐."라고 한 것은 사람들과 소통하기 위해 자리를 많이 비웠기 때문이다. "얘, 어디 갔냐?" 하면 금세 자리를 비운 터라 누구도 쉽게 대답을 못하니 당연히 "일 안 하고 어디 싸돌아 다니는구만." 하고 생각했을 것이다. 그런데 나는 세무 부서 일을 하면서 사람들을 만나는 일이 정말 중요하다는 것을 새삼 또 깨달았다. 원래부터가 융통성이 지나치고 이해심이 많다는 얘길 듣다 보니 사람들은 나와 대화하는 것을 좋아했다. 그렇게 일과 관련된 사람들을 만나다 보면 자연스럽게 배우게 되는 게 많았다. 그렇게 서로 많은 이야기를 나누고, 그들의 상황을 듣고 이해하려고 노력하니 어떤 문제가 생기면 여러 각도에서 바라보고 해결할 수가 있었다. 그런 역량이 점점 강화되면서 아마도 그 일에 대해서 점점 흥미를 가질 수 있었던 것 같다.

문제를 여러 각도에서 바라보고 다양한 관점에서 해석하고 해결하려는 시도는 유연한 사고에서 비롯된다. 스스로 단점이 많은 사람이라고 생각하지만, 그래도 유연한 사고와 이해심. 이 두 가지는 내가 가진 장점이라고 생각하는데, 사실 이 유연한 사고란 겸손한 마음에서 비롯된다고 본다. 유연성을 가지려면 '내가 이러이러한 자리에 있다.' 하는 생각부터 버려야 한다. 내가 잘나고, 많이 알고, 잘나간다고 생각하는 순간 그런 유연성은 달아나버리고 만다. 그저 틀에 박힌, 일반적인 생각만을 할 수밖에 없다. 배우려는 자세가 없으니 귀를 막은 것이나 다름없다. 그러나 나는 항상 내가 많이 부족한 사람이라고 생각하기 때문에 어떤 상황에서 누굴 만나든지 일단 귀와 마음을 열고 시작한다. 늘 배울 자세가 되어 있고, 어떤 사람에게도 배워야 한다는 게 나의 진심이다. 그러니 어떻게 유연하게 생각하지 않을 수 있을까.

일뿐 아니라 개인적인 관계들에서도 마찬가지다. 이해심이 많고, 상대방의 이야기를 잘 들어주어서 그런지, 별로 한 것도 없는데 사람들은 나를 항상 리더라고 인정해주고 자신들의 속내를 터놓는 대상으로 대해주었다. 그중에서도 나와 가장 친한 한 친구는 나를 항상 '전 사장' 또는 '보스'라고 불렀다. 대학교 때 동아리에서 친해져서 소위 '베프'로 지금도 잘 지내고 있는데, 성격은 조금 까칠한 면이 있지만 당시 나를 제치고 동아리 회장이 될 만큼 인기가 있는 친구임에도 그는 아직도 나를 '보스'라고 부르며 둘 사이에 7:3의 법칙을 정해놓았다. 그는 나중에 우리가 퇴직을 하고 작은 사업을 함께 하게 되면,

내가 사장을 하고 자기가 직원이 되겠다고 했다. 그리고 이익도 7:3 으로(내가 7, 자신이 3) 나누고, 무엇을 하든 그렇게 하자는 것이다. 나중을 기약하며 어쨌든 그 7:3의 법칙은 여전히 적용되어서 커피 한 잔을 마시든, 라면 한 그릇을 먹든 우리는 7:3의 비율로 계산을 한다. 내가 7, 친구가 3.

회사의 측근들이 나를 좋게 보아주고, 가까운 사람이 이렇게 나를 인정해준다고 해서 나는 단 한 번도 내 어깨를 으쓱한 적이 없다. 유연한 사고는 내가 잘나서가 아니라, 내가 부족하기 때문에 더 배우려고 하는 겸손함에서 비롯된 결과이기 때문이다.

절망 속에서 버티기 위한 세 가지 방법

절망은 예고도 없이 닥쳐온다. 우리는 그 속에서 길을 찾기 위해 애쓴다. 절망이 없는 다른 길, 다시는 절망과 맞닥뜨리지 않아도 되는 어떤 길을 찾기 위해서 말이다. 하지만 절망 속에서 버티기 위한 나의 첫 번째 방법은 바로 아플 만큼 아파해보는 것이었다. 아파보지 않고는 괜찮은 법도 알 수 없다. 괜찮은 것이 무엇인지, 괜찮다는 것의 행복과 감사가 어떤 것인지 결코 느낄 수 없다. 절망 속에서 나오려고 발버둥치는 대신, 그 아픔이 지금 내게 주고 있는 메시지에 귀를 기울일 필요가 있다. 이유가 없는 절망의 시간은 없다. 그 절망의 시간이 내게 오기까지 내가 놓친 무언가가 있을 것이다. 그리고 절망의 순간은 바로, 그 무언가를 찾기 위해 내게 주어진 소중한 기회의 순간이다.

두 번째로, 절망 속에서 내가 버틸 수 있었던 것은 바로 내가 가진 '무모함' 때문이었다. 아니, 덕분이었다. '왜 아무도 손을 들지 않을까?' 내 마음 한편에서 꿈틀거리던 이 생각이, 나의 팔을 들어 올렸다. 완벽할 때까지 기다리거나, 확신이 들 때까지 기다리거나, 다른 사람들이 나를 인정해줄 때까지 기다렸다면 일어나지 않았을 일이다. 손을 높이 들어 올렸을 당시, 내 상황은 하나도 달라진 것이 없었다. 그나마 내가 해볼 수 있을 법한 일을 하나 발견한 것. 그 정도가 다였다. 그래서 나는 내가 참 무모했다고 말하는 것이다. 그러나 그 무모함이 절망 속에서 나를 끌어올려준 큰 힘이 되었다. 만약 그때 내가 손을 들지 않았다면 지금의 코리아 제임스는 없었을 테니까.

모든 사람들이 주저하거나 혹은 손을 올릴 생각조차 하지 못했다. 늘 가보지 않은 길에 대해서는 두려움으로 차 있기 마련이고, 그 두려움을 극복하는 것은 어려운 일이기 때문이다. 하지만 나는 그 두려움과 맞닥뜨리고 무모하게 도전하는 순간, 두려움을 이겨내는 동시에 절망에서도 벗어나올 수 있다고 믿는다. '할 수 있다, 해보고 싶다.' 이 식상한 마음이 실행으로 옮겨지지 않는다면, 입 밖으로 꺼내지지 않는다면, 실은 어떤 일도 일어나지 않는다. 그저 깜깜한 절망 속에 여전히 쭈그리고 앉아 있는 모습으로 남아 있을 뿐이다.

 마지막으로, 변화를 기회로 만들어야겠다는 확고함. 이것이 나를 절망에서 끌어내준 세 번째 방법이었다. '변화'라는 것은 사실 좋은 방향인 경우가 드물다. 늘 반복되는 상황은 안정감을 불러오기 때문에, 거기서 무언가 새로운 변화가 생긴다는 것은 어떤 식으로든 도전과 적응 기간과 두려움을 유발시키게 된다. 손해와 불이익이 동반되며, 대부분 안 좋은 방향인 경우가 많다. 하지만 이제는 모든 사람이 변화 가운데 있다. 그런 변화 속에서, 불안하고, 불이익이 동반되고, 안 좋은 방향으로 갈 것만 같은 그 두려움 속에서, 뭔가를 끄집어낼 수 있다면. 게다가 그것을 좋은 방향으로 선회할 수 있다는 확고함이 있다면 어떻게 될까. 이것을 직관이라 부를지, 전략적 사고라고 부를지 모르겠지만, 나에겐 그 확고함이 있었다.
 지금도 마찬가지다. 나는 승진을 했고, 높은 자리에 올랐다. 이것은 변화다. 많은 사람들이 나의 상황을 보고 '좋은 변화'라고 할지 모르겠지만, 나에게는 늘 부딪혔던 똑같은 '변화'이다. 어쩔 수 없는 선택이 동반되고 이 자리가 영원하리란 보장도 없다. 새로운 회사로부터 새로운 사람들이 오게 되면 나에 대한 새로운 잣대를 갖다 댈지도 모른다. 나를 잘 모르는 사람들은 나에 대한 어떤 평가를 내릴지 알 수 없고, 내가 해오던 활동들을 어떻게 바라볼지 모른다. 변화다. 개인도, 회사도, 아랫사람도, 윗사람도, 변화를 하면 불이익이 따를 수밖에 없다. 그럴 때 나는 생각해본다. '상황은 무조건 변화한다. 그리고 내겐 불이익이 반드시 따르겠지. 하지만 어떻게 하면 이 위기를 기회로 만들 수 있을까.'

변화가 생겼을 때 나는 곧바로 흐름을 파악하기 위해 노력한다. 그리고 그 속에서 '내가 무엇을 할 수 있을까.'를 고민한다. 최대한 긍정적인 생각으로 변화에 접근하는 것이다. 99의 사람들이 "또 변화하네요. 힘들겠군요. 불이익이 오겠군요. 불안하네요."라고 할 때, 나는 1이 되어서 말한다. "변화는 당연합니다. 하지만 이 속에 분명 긍정적인 기회들이 숨어 있을 거라 생각합니다. 내가 어떤 걸 할 수 있다면, 그게 아주 작은 것이라도 맡아서 새롭게 도전하고 만들어보겠습니다. 지금 일어나고 있는 변화 속에서는 이런 것들을 해볼 수 있을 것 같습니다. 제가 한번 해보겠습니다."라고.

변화 속에서는 다 같이 절망한다. 저성장 시대에 좋은 변화가 얼마나 일어날 수 있겠는가. 그러니 변화 속에서는 모두가 움츠러들고, 불안해한다. 그러니 내가 하는 말들이 어쩌면 당연한 것 같으면서도, 어쩌면 너무나 두드러진 것이 된다. 리더들은 그런 나를 보면서 "저 친구, 의식이 있군. 뭔가 역할을 한번 줘보면 좋을 것 같아." 하고 생각한다.

내가 대표이사로 등기된 것도 그런 이유 때문일 것이다. 컨퍼런스를 진행하면 나는 당당하게 손을 들었고, 나 또한 한 명의 작은 리더로서 변화 속에서 직원들에게 어떤 통찰을 보여주어야 하는지, 어떤 영감을 줄 것인지, 어떤 영향력을 입힐 것인지에 대해서 이야기했다. 이 변화는 긍정적인 것이며, 이 안에서 우리는 새로운 기회를 만들어야 한다, 나는 반드시 그렇게 해서 우리 직원들에게 또 다른 기회를 부여할 것이다, 그럴 계기가 있다면 나 또한 새로운 커리어를 만들어 이 회사에 기여할 것이다…… 라고.

100명 중에 99명은 안 하는데 1명은 한다. 그 1이 나였다. 그렇지만 그건 가식이 아니라 '나는 할 수 있고, 나는 해야 한다.'는 진심에서 우러나온 행동이었다. 10년 동안 절망 속에 있었기 때문에 그렇게 하지 않으면 안 되었고, 그런 생각을 가지고 왔어야 했다. 절망 속에서, 지속되는 불안함 속에서, 어떻게 될지 모르는 막막한 상황 속에서, 저성과자라는 바닥을 치는 평가 속에서 스스로 살아내는 방법. 방향감각을 갖고, 버텨내는 방법. 나에게는 그것이 절실히 필요했던 것이다.

내 생애 최고의 멘토는,
절망이었다.

나라고 괜찮았겠어.
처음엔 두렵고, 앞이 막막하기만 했지.

Part 02
고물상 아들,
전중훤입니다

내가 잘나서 이 글을 쓰고 있는 게 아니다.
나는 그냥 작은 고물상을 하던 어머니를 도와
동네 고물을 주우러 다니던
작은 꼬마 아이에 불과하다.
그런 아이가 들려주는 이야기이기에
이것은 그 누구에게도 용기가 되고, 희망이 될 수 있다고 본다.
내가 여기까지 왔으니, 당신은 더 멀리 갈 수 있다.

만약 내 키가
조금만 더 컸다면

"만사가 그렇게 단순하기만 하다면야."
– 《시대의 소음, 줄리언 반스》 중에서

누군가 나에게 '가장 절망적인 순간이 언제였느냐.'고 물어보면 나는 HP에 입사해 내게 맞는 일을 찾아 방황하던 10년간의 시간이라고 대답할 것이다. 그리고 또 하나, 고물상을 하던 어머니와 함께 생활하던 어린 시절이다. 어릴 때 우리 집은 고물상을 했다. 지금은 많이 사라졌지만, 그때는 작은 동네에도 몇 군데나 고물상이 있었다. 고물상이라는 직업은 둘째 치고, 일단 학교가 끝나면 허름한 옷을 입고 고물상 일을 하거나 리어카를 끌고 고물을 가지러 가야 한다는 것 자체가 곤욕이었다. 친구들은 다들 학교 끝나면 옷 갈아입고 학원도 가고 놀기도 했는데 나는 그럴 수가 없으니까.

그러나 단순히 그 사실보다 더 절망적인 것은 나의 외모에 대한 것이었다. 어머니는 150cm가 안 되는 작은 키의 가녀린 여자인데, 내가 그것을 닮아 중학교 2학년 이후로 키가 크지 않았다(내 키는 165cm가 되지 않는다). 가뜩이나 고물상 하는 것도 자존심이 상하는데, 키도 작아서 늘 그게 콤플렉스처럼 여겨졌다. 나는 이걸 '비주얼에 대한 절망감'이라고 이야기했지만, 다행히도 조금 머리가 굵어지면서 생각이 많이 바뀌었다.

키가 더 자랄 기미가 보이지 않자 그런 생각이 들었다.

"아…… 이 세상에는 마음, 즉 내면이 아니라 외모, 겉모습이 아픈 사람들이 있겠구나."

더 크고 싶은데 키가 자라지 않으니 말 그대로 절망이었다. 그런데 나보다 키가 작거나 나보다 못 생긴 친구들은 얼마나 힘이 들까. 자신이 원해서 갖게 된 것도 아닌데, 그로 인해서 상처를 받을 수 있겠다는 생각이 들었다. 그때부터 내 키가 작다는 것은 단순히 콤플렉스가 아니라 타인에 대한 아픔을 이해하는 계기로 변했다. 만약 키가 컸다면 절대 가지지 못했을 생각들이다.

키가 작기 때문에, 나는 외모로 다른 사람들과 경쟁하려고 하지 않았다. 오히려 나보다 키가 큰 사람들과 실력으로 승부해야겠다, 좀 더 진실 된 사람됨을 가지고 견주어야겠다고 생각했다. 만약 키가 컸다면 타인에 대한 배려나 아픔을 공감하기는커녕, 별로 가진 것도 없으면서 기고만장했을지 모른다. 자존심 상하고, 어려운 환경이 내게 귀한 선물을 안겨준 셈이다.

'키가 큰 사람, 환경이 좋은 사람들보다 가슴이 꽉 찬 사람이 되자.'

한참 모든 면에서 예민할 사춘기 시절, 외모에 대한 절망은 그렇게 긍정적인 방향으로 변화했다.

단점과 장점은 실은 한 끗 차이다

어릴 때 나는 아주 평범한 소년이었다. 그저 축구가 좋고 구슬치기가 좋고 딱지치기가 좋았다. 노는 거라면 뭐든 좋았다. 겨울이 되면 그렇게 날씨가 추운데도 내복 껴입고, 잠바 입고, 목도리까지 두르고 구슬치기를 했다. 장갑도 벗어던지고 어찌나 열정적으로 구슬치기를 했던지, 손이 갈라져서 밤마다 어머니가 안티푸라민을 발라주었다.

다른 꼬마들도 그랬고, 나 역시 특히나 축구를 좋아했다. 축구를 할 때 보통 두 부류의 친구들로 나뉘는데 개인기를 잘하는 사람과 팀플레이를 잘하는 사람이다. 그중에서 나는 개인기를 잘하는 사람이었다. 키도 작고 발재주도 있고 몸이 민첩하다 보니, 온갖 개인기에 능했다. 그런데 웃긴 건 개인기를 아무리 잘해도, 그 팀이 이기면 친구들이 별로 좋아해주질 않는다는 사실이었다. 이상하게 당사자인

나만 혼자 좋았으니 그리 기쁘지가 않았다.

그런데 어느 날 축구를 하는데, 이번에는 조금 다르게 해보자 싶어 빈 곳이 보이기에 공을 패스해주었다. 그때 발이 빠른 또 다른 친구가 나타나 공을 받아 골을 넣어버린 것이다. 모두가 함성을 지르며 한곳에 모여 어깨동무를 하고 기뻐했다. 그 친구 한 사람이 아니라 마치 우리가 다함께 공을 차서 골을 넣은 것처럼, 그렇게 다 같이 한마음으로 기뻐하는 것을 보았다. 그때 나는 느꼈다. '아…… 이게 나 잘났다고, 나만 잘한다고, 기쁘고 행복한 게 아니구나.' 하는 것을.

그때부터는 나는 개인기가 능한 사람에서 팀플레이를 좋아하는 사람으로 조금씩 변해갔다. 그리고 깨달았다. 내가 좀 더 잘한다 하더라도 나보다 못한 친구들이 잘할 수 있도록 도와주고 기회를 주면 모두가 행복해진다는 걸 말이다.

그렇지만 축구선수는 되지 못했다. 초등학교 때 꽤 축구를 해서 계속해서 축구로 진학을 하겠다는 생각도 했었다. 그래서 중학교에 진학할 때 축구의 가능성을 보기 위해 후보권 선수 대회에서 테스트를 보게 되는데, 그 경기에서 아주 멋지게 자살골을 넣어버린다. 당연히 축구선수가 되겠다는 꿈은 거기서 멈췄고, 그 후로 한 번도 아쉬워한 적은 없다. 내 키는 중학생이 되면서 지금의 키로 머물렀기 때문에.

어쨌든 키가 작은 것 때문에 나는 내가 어떤 사람이 되어야 하는지를 명확하게 그리게 됐다. 가슴이 꽉 찬 사람. 그리고 키가 작다는 사실은 절망 대신 이해심을 가지게 해줬다. 아픔을 공유하고, 부족한 사람들이 느낄 상처와 자격지심 등을 남들과는 다른 시각으로 바라볼 수 있게 된 것이다. 혹자는 이런 나를 '지나치게 낙관적'이라고 평가할지 모르겠지만, 사실 장점과 단점은 한 끗 차이 아닌가. 키가 작은 것은 생활에 조금 불편할 수 있고 보기에 조금 아쉬울 수 있지만, 자만하지 않게 만들어주고 그 외의 다른 좋은 점들에 더 집중하고 개발하게 만들어준다.

내 키가 조금 더 컸다면, 내게 이런 삶은 주어지지 않았을 것이다. 그래서 항상 난 말한다. "내 키가 작아서 참 다행이야."라고

중원이는 밝고 긍정적인 친구입니다

누군가 내게 장점이 무엇이냐고 물어보면 업무에 대해서 "이런 걸 잘한다."고 말하기보다, 나는 잘 웃고 긍정적이고 다른 사람에게 관심이 많습니다." 하고 대답한다. 난 그게 내가 가진 최대의 장점이라고 생각한다. 진심으로. 작은 키만큼이나 내 웃음이 보배라고 생각하는 이유도 그것이다.

시골에서 살다 보니 내가 다니던 학교들이 그리 크진 않았다. 그래서 초등학교 때는 전교회장, 중고등학교 때는 반장이나 선도부를 맡아서 했다. 초등학생일 때에는 청소나 운동을 잘하는 학생 위주로 반장을 시켰다. 그리고 반장을 한 친구들 중에 한 명을 뽑아 전교회장을 시켰는데, 친구들은 나를 뽑아주었다. 난 잘생기거나 멋있어서 인기가 있는 것도 아니었고, 아주 특출 나게 공부를 잘한다거나, 친구들에게 맛있는 걸 사주는 아이도 아니었다. 나서서 청소를 열심히 하는 것도 아니고. 그런데 어떻게 뽑혔냐고? 나에겐 잘하는 게 하나 있었다. 친구들이 무엇을 잘하는지, 또 무엇을 못하는지 볼 수 있다는 것.

나는 청소나 운동회를 할 때 세 부류의 친구들이 있다는 걸 알고 있다. 시키지 않아도 잘하는 사람, 시킨 건 엄청 잘하는 사람, 아무리 시켜도 절대 안 하는 사람. 나는 어떤 사람이 열심히 하는 사람인지, 대충 하는 사람인지 정확하게 가려낼 수 있었다. 그래서 열심히 하는 친구는 그 노력이 빛날 수 있게 더 잘할 수 있는 것들을 맡겨주었고, 매사에 대충인 친구들은 대충 해도 될 것을 하게 해주었다. 이렇게 하는 것의 최대 장점은 '모두가 편해진다'는 사실이었다. 별것 아닌 듯하지만 사실은 대부분의 친구들이 나와 다르게 했다. 열심히 하는 사람을 칭찬하고, 대충 하는 사람을 비난해서 잘하는 사람과 비교하고 잘하게 바뀌어야 한다고 채찍질을 하는 식이었다. 그게 틀렸다고 말하는 게 아니라 나오는 방식이 달랐다. 일부러, 고의적으로 꾀를 부리는 친구들조차도 나는 억지로 바꾸려 들지 않았다. 그건 하루아침에 되는 일이 아니라는 걸 잘 알고 있다. 그리고 리더가 되었다고 해서 그들을 바꿀 능력을 갑자기 갖추게 되는 것은 아니니까.

어쨌든 이렇게 할 수 있었던 바탕에는 '사람에 대한 관심'이 있었다. 난 사람에 워낙 관심이 많았다. 사람에게는 수많은 부류가 있지만, 그들을 구분해서 대하지 않았고, 그저 그들이 어떤 사람들인지 지켜보고 알아가는 게 좋았다. 그래서 내가 그들과 함께 무언가를 해야 하는 상황이 되었을 때, 내가 알고 있는 정보들로 그들을 편하게 해주고 최상의 결과를 이끌어내는 일이 즐거웠다.

지금도 마찬가지다. 직원들과 함께 일을 하다 보면, 그 사람의 성격이 어떤지, 그 사람의 장점이 무엇인지 매우 관심을 갖고 지켜본다. 그리고 '저 사람은 이런 일을 하면 잘하겠구나.' 하고 판단할 수 있다. 직관력이 좋은 것이다. 그리고 이런 능력은 조직을 이끄는 데 큰 힘이 된다. 밑에서 실무를 보았을 때는 사실 쉽게 발휘될 수 없는 능력이지만, 자리가 생기면 굉장히 중요한 능력이 된다. 저성과자로 지내면서, 내가 잘 못하는 걸 하기 위해 노력하는 것이 얼마나 힘든지 뼈저리게 깨달았다. 물론 업무 자체를 소화하기 위해 하는 노력은 필수적이라 생각한다. 하지만 그 업무 때문에 내 성격과 기질을 바꾸는 것은 참 어려웠다. 생각만큼 쉽지 않았고, 시간도 오래 걸리고, 그 과정이 마냥 행복하지도 않았다. 스스로 워낙 주의를 하려고 하다 보니 많은 부분에서 개선이 되긴 했지만, 근본적으로 고치는 건 참 힘들었다. 못하는 부분에만 집중하고, 그걸 극복하기 위해 노력한다는 사실이 그런 거구나, 싶었다.

그래서 난 위에 있는 사람이 사람에 대해 얼마나 많은 관심을 가지고 있느냐, 그리고 얼마나 높은 직관력으로 그들을 적재적소에서 일할 수 있도록 잘할 수 있는 걸 끄집어낼 수 있느냐가 참 중요하다고 생각한다.

그런저런 점들 때문인지 성적표에 선생님은 나에 대한 전체적인 평가에서 '밝고 쾌활하다'는 말을 가장 많이 넣어주었던 것 같다. 고물상을 하는 가난하고 키도 작은 친구가 늘 웃고 다니고 밝을 수 있었던 건 항상 자존감을 지켜주려고 노력했던 어머니 덕이기도 하다. 우리 집은 조그만 고물상을 해서 가난했고, 주로 어머니 혼자 생계를 꾸려나가야 해서 하루 벌어 하루 입에 풀칠하기도 힘들었지만 어머니는 내가 하고 싶다고 하면 다 해볼 수 있게 해주었다. 야구를 하고 싶다고 하면 야구공을 사주고, 축구를 하고 싶다고 하면 축구를 할 수 있게 도와줬다. 보통 어릴 때는 장래희망도 자주 바뀌고 그에 따라 이것저것 조금씩 해보다가 싫증이 나서 관두기 일쑤였는데, 어머니는 그걸 알면서도 일단 해볼 수 있게 기회를 주고 실패하거나 중단

하는 것에 대해서도 별로 뭐라 하지 않았다. '일단 해보는 것'이 더 중요하다고 생각하신 것이다.

중학생이 되면서 역시나 반장을 하고, 고등학교에 가면서 선도부를 좀 하다가 친구들과 동아리를 만들어서 놀기 시작했다. 키가 작은데도 이제 축구가 아닌 농구에 미쳐서 수업이 끝나면 동아리 친구들과 모여 농구를 하기 바빴다. 우리 동아리 이름은 '스피드 텐'이었는데, 주로 170cm 미만 친구들로만 이루어진 농구 동아리였다. 종종 180cm 언저리의 키가 큰 친구들도 있었지만, 그들이 우리 동아리에 들어오려면 멤버들의 만장일치를 받아야 하는 등 절차가 꽤 복잡했다. 내가 이 얘길 하면 다들 빵 터지는데, 우린 진심으로 입을 모아 말했다. "아니, 왜 꼭 농구는 키 큰 애들만 잘할 수 있다고 생각하지? 우린 키가 작은 대신 빠르고, 걔네보다 훨씬 민첩하고 날렵하잖아." 지금 생각하면 물론 나도 웃게 될 만큼 재미있는 추억이지만, 그때 우리는 모여서 농구도 하고, 인생에 대해 진지하게 이야기도 나누곤 했다.

그때도 역시 나는 그런 생각을 했다.

'다른 애들이 두 번 뛸 때 우리는 네 번 뛰면 되지.'

난 내가 가진 약점이 결코 약점이 되지 않게 하는 법을 잘 알고 있었다. 그리고 외관보다 내면이 꽉 찬 사람이 된다는 것이 변화무쌍한 이 삶을 살아내는 데 훨씬 더 유리하다는 사실을 알아가고 있었다. 주로 170cm 미만의 학생들로 구성된 그 동아리에서 당당하게 뛸 수 있는 특권을 얻은 것처럼, 어느 순간 내 인생도 그렇다고 생각이 들었다. 가난해서, 키가 작아서, 스펙이 없어서, 학점이 낮아서, 배경이 없어서…… 그래서 나는 특권을 얻었다. 더 많이 웃고, 더 많이 이해하고, 더 많이 노력할 수 있는 특권을.

내 키가 조금 더 컸다면,
내게 이런 삶은 주어지지 않았을 것이다. 그래서 항상 난 말한다.
"내 키가 작아서 참 다행이야."라고

◀ 초등학교 입학식 때
▼ 대학졸업식, 부모님과 함께

고향 시골집에서, 할머니와 작은아버지, 어머니, 누나, 남동생과 함께

어머니는
왜 하필 고물상을 하셔서

"만족하지 못하는 사람이 할 수 있는 행동은 오직 두 가지,
저항하기 아니면 도망치기뿐이다."
-《미래를 여는 생각, 리자 니엔하우스》 중에서

나는 고물상 아들이다. 처음부터 고물상을 했던 건 아니다. 잘생기고 멋쟁이였던 아버지는 원양어선을 타서 돈을 벌어왔다. 어머니는 살림만 하고, 나와 동생들은 아버지가 벌어다주는 돈으로 먹고살았다. 그러다 아버지는 이란에 건설노동자로 가서 우리에게 돈을 보내주었다. 알뜰한 어머니에게는 한 가정을 돌보기에 충분한 금액이었다. 그런데 문제는 아버지가 이란에서 한국으로 돌아오면서 시작됐다. 친구와 양어장 사업을 하겠다고 나선 아버지는, 사업을 시작한 지 얼마 되지도 않아 쫄딱 망해버린 것이다.

원래부터 음주가무에 능했던 아버지는 사업이 망하자 술을 더 많이 마셨고, 자식들을 공부시켜야 한다는 생각이 굳건했던 어머

니는 생활고를 이겨내기 위해 어떤 결심이든 해야 했다. 하지만 키 140cm의 작은 체구의 여성이 할 수 있는 일이 뭐가 있겠는가. 그러다 어느 날 아저씨 한 분이 고물이 가득 담긴 리어카를 끌고 집 앞을 지나갔다. 그때 어머니가 물었다.

"이거, 아무나 할 수 있어요?"

물론 할 수야 있겠지만, 주변 사람들은 모두 말렸다. 1980년대의 고물장수는 주로 제대로 생활을 할 수 없는 최극빈층이 하는 일이었다. 대부분의 남자들은 집이 없어 떠돌아다녔고, 몸에 장애가 있거나 생활이 극심하게 어려운 경우가 많았다. 리어카 하나를 끌고 이 집 저 집 다니며 고물을 얻어다가 파는 일이니, 설명이 뭐가 더 필요하겠는가. 그리고 그들의 생활은 늘 그렇게 불규칙해서, 술을 잔뜩 마시고 일을 못하게 되는 날이면 땡이고, 또 좀 괜찮은 날은 하루 종일 돌며 고물을 줍곤 했다.

그런데 그런 분들을 상대하는 일을 어머니가 하신다고? 모두 반대를 할 수밖에. 하지만 나보다 훨씬 작은 우리 어머니는 생각 이상으로 강한 분이었다. 고민 끝에 어머니는 집 앞 작은 공터의 주인을 찾아갔다. 그리고 "세를 좀 놔달라."고 부탁했다. 지금 기억에 한 달 월세가 1~2만 원쯤 되었던 것 같다.

그렇게 어떻게 시작은 했는데, 처음 2~3년 간 어머니는 굉장히 힘들어했다. 우리 어머니는 너무나 작고, 예쁜, 동양의 여자였다. 마음도 여리고 수수했다. 그러니 고물장수를 하는 거친 아저씨들과 상대하는 게 얼마나 어려웠을까. 관계가 쉽지만은 않아 힘들어하고, 아버지도 그런 모습을 보는 걸 싫어했다. "왜 하필 이런 일을 하려고 해!" 아버지는 날마다 불만을 토로했다. 고물상은 비루하기 짝이 없으니까. 곧 죽어도 '각에 죽고 각에 사는' 아버지로서는 이해가 힘들었을 것이다. 하지만 방법이 없으니까. 피할 수도 없고, 피할 곳도 없으니까. 어머니는 다른 선택지를 찾을 수 없었다. 그리고 그냥 그렇게 버티면서, 어머니는 내가 HP에서 그랬던 것처럼 어떻게든 그 안에서 답을 찾아보기 위해 노력했다.

자존심보다 더 중요한 것

어린 시절 책읽기를 좋아해서, 특히 위인전기를 좋아해서 참 많이도 읽었다. 그래서 좋아하는 사람들도 참 많지만, 언제나 '가장 존경하는 분'은 바로 나의 어머니다. 어머니는 고물상 운영을 통해 내게 '경영이 무엇인지' 알려주었고, 평생을 절약하면서 자식에게 올바른 방향을 보여주었다. 지금도 한 달에 50만 원이 안 되는 돈으로 생활하면서 집 앞 작은 텃밭에서 가꾼 야채로 식사를 하고, 그 돈마저 아껴 주위의 친척들이나 어려운 사람들을 돕는 데 쓰고 있다.

반면, 아버지는 정말 멋쟁이였다. 음주가무에 능하고, 호탕한 성격을 가졌다. 뭐든 손에 쥐면 남에게 주는 것부터 생각하고, 삶 자체를 심각하기보다는 즐기면서 살고 싶어 한 것 같다. 사업이 부도가 난 이후로 아버지는 집집마다 다니며 보일러 놓는 일을 했는데, 생활에는 특별히 도움이 되지 못했다. 일당으로 받은 그 돈으로 아버지는 매일 술을 사 드셨기 때문이다.

"이렇게 살면 희망이 없겠구나."
 어머니는 일찌감치 판단을 하고 고물상을 시작했다. 어려운 일이었지만 어쩔 수 없었다. 아버지도 싫어하고 모두가 반대했지만 어머니는 꿋꿋하게 일을 이어나갔다. 나도 마음속으로는 반대했지만, 겉으로는 어머니를 도왔다. 분명 어머니는 절망 속에 있었을 테니까. 150cm도 안 되는 작은 키, 40kg도 안 되는 몸무게로 그 상황을 버텨내고 싶은 사람은 아무도 없다. 아버지가 능력이 좋아서 돈을 많이 벌어다주면, 야무지게 살림을 꾸리면서 자식을 키워내는 기쁨을 누리는 게 그 시절 모든 어머니들의 꿈이었을 것이다. 그러나 어머니는 결코 가족들에게 절망의 모습을 보이지 않았다.
 학교에 다녀오면 내가 가진 것 중 가장 허름한 옷으로 갈아입고 고물상에 나가야 하는데, 난 그게 죽기보다 싫었다. '왜 하필 고물상을 해서.'라는 말이 목구멍까지 올라왔지만, 터덜터덜 걸어서 몇 평 안 되는 고물상에 가면, 웃으면서 고물을 정리하고 있는 정말 허름한 옷의 작고 가녀린 어머니의 모습이 보였다. 그리고 나를 보며 말씀하는 것이다.

"넌 나의 희망이다. 나는 너를 믿는다."

자존심이 상하는 것은 순간이었고, 어머니의 말씀은 그 순간을 순식간에 흘러가게 했다. 어머니가 "너를 믿는다."고 하신 건 단순히 그때 힘든 나를 달래기 위함이 아니었다. 그 믿음은 평생 동안 지속되었고, 내가 방황하며 절망 속에 헤맬 때에도 변함없는 나무처럼 나를 지탱해준 말이었다.

나는 어릴 적부터 도산 안창호 선생님의 책을 읽으며 꿈을 키웠지만, 그분보다 어머니를 더욱 존경하는 것은 어머니가 어떤 능력이 뛰어나거나 거대한 성과를 이루어내서가 아니다. 절망 속에서 희망을 잃지 않고 본인의 길을 묵묵히 걸어온 사람들. 존경 받아 마땅한 그 사람들 속에 어머니가 있기 때문이다. 어머니는 내게 자존심보다 중요한 것이 무엇인지 알려주었고, 사람이 사람을 향해 지켜내는 믿음이 얼마나 큰 힘이 되어주는지를 보여주었다. 그것은 비단 가족이라는 관계에서만 해당되는 게 아닐 테니까.

깨끗하고 예쁜 옷을 입고 학원에 가고, 여기저기 놀러 다니는 친구들을 볼 때마다 부럽고 내 상황이 힘들었지만, 나는 리어카를 열심히 끌고 다니며 어머니를 도왔고 작은 고물상 안에서 절망이 아닌 희망의 꿈을 키워갔다.

　다른 친구들이 아이스크림을 사먹으며 뛰어다닐 때 나는 고물상 한편에서 책을 읽었다. 사람들이 읽다 버린 책들이 얼마나 많이 들어오는지, 나의 키보다 훨씬 더 높이 쌓인 그 책들 옆에 앉아 읽고 읽고 또 읽어도 책이 줄어들지 않아 신이 났다(물론 위인전기만큼이나 야설들도 꽤 있었다). 사람에 대한 관심이나 사람을 이해하는 방법도 그때 읽었던 수많은 책들에서 비롯되었다 해도 과언이 아닐 만큼, 그곳은 내게 훌륭한 도서관이었다.

　정말 잠깐도 있고 싶지 않았던 그곳이 도서관이 되고, 또 놀이터가 되었다. 남동생과 나는 양은냄비를 뒤집어쓰고, 솥뚜껑을 방패 삼고, 칼이 될 만한 걸 만들어서 만날 칼싸움을 했다. 책 속에서 보았던 로마 시대 기사들 흉내를 내고, 삼국시대 장군들을 재현하며 그렇게 놀았다. 미국에 유니버셜 스튜디오가 있다면 전북 익산에는 조흥 고물상이 있었다.

고물상이 내게 준
다섯 가지 경영의 지혜

"경영학 또는 경영의 최우선이 뭘까요.
당연한 질문을 받는다는 표정으로 답한다.
이윤 또는 이윤의 극대화. 그러면 되묻는다. 인간은 어디에 있습니까."
– 《무엇이 인간인가, 오종우》 중에서

비교적 젊은 나이에 리더가 되고, 많은 사람들과 함께 기업을 이끌어가는 자리에 있으면 '경영 철학이 무엇이냐.' '리더십이 뭐라고 생각하느냐.'라는 질문을 많이 받게 된다. 대부분 높은 위치에 있는 사람들은 이런 질문을 받았을 때 뭔가 문구들을 인용해서 그럴 듯한 철학을 이야기하는데, 사실 나는 그런 게 딱히 없다. 경영이란 게 무엇일까, 사람들을 리드한다는 건 무엇일까, 물론 깊이 고민한다. 생각하고 반성하고 또 새로운 것들을 적용하고 좋은 것은 지켜나가기 위해 노력한다. 하지만 누군가로부터 어떤 철학을 배우고 벤치마킹해서 적용하거나, 삶의 커다란 좌우명을 경영철학으로 삼고 온 것은 아니다. 다만 이 책을 시작으로 어쩌면 처음 공개하는 것일지도 모르는데, 나는 어머니가 고물상을 운영하는 모습을 보며 경영이라는 것을 배웠다. 경영에 대한 영감을 받고, 사람을 대하는 법을 배웠다고 하는 편이 옳겠다.

끝이 보이지 않는 절망 속에서도 어머니는 당찼고, 두려움이 없었다. 언제나 확신에 차 있었고, 일단 부딪혀서 이루어내는 사람이었다. 어머니가 리어카를 끌고 가는 뒷모습을 보며, 나는 삶에 대해서 생각했다. 그리고 나에 대해 생각하고, 가족에 대해 생각했다. 어머니는 이런저런 잔소리를 늘어놓는 분이 아니었다. 그저 묵묵히 그 뒷모습을 보여주면서, 내게 가르치고 있었던 것이다. 삶을 살아내는 지혜를.

하나, 장사는 아무리 작아도 전략이 필요하다

어머니는 처음 장사를 시작하고 1~2년 동안 무척 고생을 했다. 노하우도 없고, 동네에 많은 고물상 중에서도 우리 고물상은 너무 작았다. 게다가 리어카를 끌고 고물을 주우러 다니는 고물장수들은, 딱히 어디에 소속이 되어 있는 게 아니어서 우리 고물상에 고물을 가져다줄 확률은 매우 낮았다. 자기들이 원래 팔던 곳들이 있기 마련이었고, 우리 고물상은 신규 거래처나 마찬가지였다.

어머니는 많은 고민을 하더니 고물장수 2~3명을 섭외해 술을 주기 시작했다. 고물장수들은 고물을 판 돈으로 대부분 술을 사 마셨는

데, 어머니는 그들에게 술을 내어주는 대신 우리 고물상으로 물건을 가져오게 한 것이다. 음식 솜씨가 좋았던 어머니는 막걸리와 함께 김치찌개를 공짜로 내주었다. 그러자 "같은 값이면 거기로 가지." 하며 고물장수들이 하나둘 우리 쪽으로 오기 시작했다.

하지만 이것도 뾰족한 수는 아니었다. 예전보다 조금 나아지기는 했지만, 그들을 막연히 기다려야 한다는 게 늘 문제였다. 아무리 술과 안주를 공짜로 주어도 그들은 우리 고물상에 소속이 된 사람이 아니었고, 매일 온다는 보장도 없어서 어머니는 늘 수동적이고 일방적으로 아저씨들을 기다려야만 했다. 그분들은 워낙 기분파여서 술에 취하면 못 나오고, 비가 와서 못 오고, 눈이 와서 못 오고, 기분이 안 좋아서 못 오는 등 나오지 않는 이유도 참 많았다.

"이렇게는 안 되겠구나."

어머니는 다시 한 번 결단을 하고, 갑자기 집으로 돌아오더니 시골집의 방 한 칸을 비우라고 했다. 나와 가족들은 어머니 지시에 따라 주섬주섬 방에 있는 짐들을 치우고 방을 한 칸 비웠다.

"오늘부터 여기, 고물장수들이 묵을 거다."

어머니는 고물장수들을 섭외하기 위해, 소위 기숙시스템을 만들었다. 당시 고물장수들은 요즘 말로 노숙자이거나 거리를 떠도는 부랑자들도 많았다. 가끔 겨울에는 술이 취해 길에서 잠들었다가 죽는 경우도 있었으니, 그들에게는 정말 좋은 소식일 터였다. 게다가 공짜라니 마다할 이유가 있겠는가.

그 방에서 세 사람이 머물게 되고, 어머니는 방뿐 아니라 하루 두 끼, 아침과 저녁까지 준비해서 제공했다. 대신 약속을 한 것이다.

"앞으로 줍는 고물은 모두 나한테만 파는 겁니다."

아저씨들은 잠을 잘 곳도 생기고, 하루 두 끼 식사에 막걸리까지 얻어먹게 되니 성실하게 고물을 주워서 가지고 왔다. 그렇게 세 사람이 제대로 일을 하기 시작하니 그 전보다는 확실히 형편이 좀 나아지긴 했다. 고물상에 가보면 예전보다 물건도 많이 들어오고, 고물장수 아저씨들도 자주 고물상을 들락거렸다.

당시 어머니를 보면서 참 놀랐던 것은, 그 가난한 살림에 고물장수들까지 챙길 생각을 한 것이다. 물론, 그들을 우리 직원처럼 만들어서 고물들을 더 많이 주워오게 하겠다는 1차적인 목표는 있었지만, 우리 어머니 성격에 딱 그것만 생각한 것은 절대 아니었을 것이다. 그들을 볼 때마다 '저들도 좀 더 사람답게 살고, 우리에게도 도움이 될 만하게 할 수 없을까.'를 고민했을 것이고, 그 방법으로 기숙시스템이라는 생각을 해냈을 것이다.

하지만 남의 집 식구들과 같이 산다는 게 어디 편하기만 하겠는가. 날마다 아버지는 냄새 나는 고물장수들이 집으로 들락거리는 것을 싫어했고, 어머니는 고물상 일에 밤낮으로 음식을 만들어서 여러 사람을 먹이는 일까지 보태져 사는 게 사는 게 아니었을 것이다. 게다가 음식을 만들어주려면 찬거리를 마련해야 하는데, 형편이 워낙 어렵다 보니 가장 값이 싼 새벽시장에 나가야만 했다. 모두가 자고 있을 때 혼자 일어나 그 작은 몸으로 새벽시장에 나가면, 어머니를 알아본 단골 장수들이 모아두었던 음식들을 싸게 내어주곤 했다.

당시 막걸리는 한 병에 200원 정도였고 배추, 시래기 같은 건 이른 새벽에 나가면 거의 공짜로 얻어올 수 있었다. 1~2천 원만 주면 이만한 봉지에 가득 주니 가지고 와서 김치찌개, 된장찌개를 끓여 모두가 함께 먹었다. 가끔 가족들에게 고기를 해줘야 하는 날엔 닭을 살 수 없으니 목뼈를 사와서 요리를 해주곤 했다. 목뼈 역시 닭 중에서는 가장 싼 부위여서, 적은 돈으로 한꺼번에 많은 양을 구입할 수 있었던 것 같다. 내 어릴 적 기억에도 '닭' 하면 목을 먹은 기억만 난다. 정말 중요한 날에만 계란프라이를 먹을 수 있었다.

그렇게 몇 년이 흐르고, 어머니는 다시 판단을 하게 된다.

"이래 가지고 아이들 학비는 못 벌겠구나."

텃세가 심하고 일하는 사람들이 거친데도 꿋꿋하게 그 일을 한 이유는 오직 가족들을 위해서였다. 고물상에서 물건을 사가는 사람들도 작은 체구의 어머니가 악착같이 일하는 모습을 보면서 짠하다고 느꼈다. 그럼에도 어머니는 생계에 도움을 줄 수 없는 아버지 대신,

자식들을 공부시켜야 한다는 생각 하나만으로 그 어려운 상황들을 감내해냈다. 그러니 생활은 어느 정도 할 수 있지만 공부를 시킬 정도가 되지 않는다면, 당연히 다른 방법을 또 강구해야 하는 것이었다.

그 당시에는 분리수거라는 게 없어서 청소부 아저씨들이 그 역할을 대신했다. 집집마다 커다란 봉지에다 이것저것 온갖 쓰레기들을 넣어서 버려놓으면, 아저씨들은 그 봉지를 가져다가 내용물을 정리했다. 그 속에 보면 고물로 팔 수 있는 물건들이 종종 나오곤 했는데, 청소부들은 그걸 고물상으로 가지고 가서 판 돈으로 술을 사 마셨다. 어머니는 또 기어코 그분들을 찾아갔다.

"술은 내가 줄 테니, 고물 가져와서 우리 집에서 파세요. 그리고 그 돈은 차곡차곡 모아서 나중에 필요한 데 쓰시고요. 아이들 위해 저축도 하시고요."

아저씨들은 어머니의 말이 틀린 게 없으니, 흔쾌히 그걸 따랐다. 그렇게 우리 집에 함께 살게 된 고물장수와 청소부들까지. 어느 순간부터 우리 고물상은 여러 고물장수들로 북적이게 됐다.

그래서 어머니는 또 기지를 발휘해서, 고물을 가지고 오는 순서와 시간을 정했다. 청소부는 1, 2, 3조 타임이 있을 테니 그와 맞는 시간을 우선적으로 정하고, 나머지 시간에 순서를 짜서 고물장수들을 오게 했다. 다들 오면 그냥 고물만 팔고 가는 게 아니라 술도 한잔 마시고 가야 하니 한꺼번에 두서없이 몰려오면 공간도 협소하고 불편한 사항이 이만저만이 아닐 것이었다. 그렇게 청소부 타임, 기숙자들 타임, 그 외 고물장수들 타임을 딱 정하고 나니 체계적으로 물건들이 쌓여갔다.

"이제 이 고물들을 제대로 팔아보자."

어머니는 이제 쌓여 있는 고물을 거저 아무 때나 내다 파는 것이 아니라 Seasonality, 즉 계절적 변동을 고려하게 된다. 이제 물건은 좀 쌓였으니 이걸 좀 더 효율적으로, 많이, 잘 팔 수 있는 전략을 짜자는 거였다. 원래는 고물들을 분류해놓으면 개인들이 필요한 물건을 찾아서 고물상에 들르는 경우가 있었고, 전문적인 업체들이 와서 자신들이 원하는 걸 싹 챙겨서 가는 경우가 있었다. 이 업체들을 찾고 고정적으로 단골을 만드는 게 수완이었는데, 어머니는 그들을 묶어두기 위해서 우리가 가진 고물의 가치를 높여보겠다는 생각을 했다.

그래서 파지는 1년 중 가을이 젤 비싸다더라, 양은은 1년 중 여름이 젤 낫다더라…… 또 들리는 소문에 의하면 포항제철이 요새 괜찮다더라 철값이 뛸 거다…… 등 계절과 국내 이슈들에 귀를 기울이면서 정보에 민감해졌다. 그리고 어머니는 그 좁은 고물상에 차곡차곡 물건들을 분류해서 쌓아두고는, 다른 고물상들이 그때, 그때 물건들을 내보낼 때에도 절대 팔지 않고 때를 기다렸다. 그리고 그 물건들의 값이 가장 올라가는 시기가 되면 확- 물건을 풀었다. 값이 비싸도 그 계절엔 그 물건이 가장 인기가 좋고 필요하니, 당연히 돈을 얹고 물건을 사갈 수밖에. 그리고 다른 데는 없는 물건들이 우리 고물상에선 술술 나오니 평소에는 다른 고물상에 가던 사람이나 거래처들도 우리 고물상으로 오게 됐다.

고물상을 해서 무슨 큰돈을 벌겠냐마는 어머니는 그 작은 가게를 하면서도 장사는 전략이 정말 중요하다는 걸 보여주었다. 일본 이자카야의 신 우도 다카시도 자신의 책 《장사의 신》에서 그렇게 말하지 않았나. "시대를 불문하고 살아남는 강한 가게는, 실질적인 의미에서 손님들에게 이득을 주는 가게야."라고. 계절의 변동을 이용하고, 다양한 정보를 입수해서 물건을 잘 모아두었다가 고객들이 필요할 때 풀어서 사가게 한 건 실은 윈-윈의 전략이었다. 물건이 씨가 말라서 아무 데도 없을 때 우리 고물상에 오면 찾을 수 있으니 좋고, 어머니도 조금이라도 더 비싼 값을 쳐서 팔 수 있어서 좋았다. 대신 우리는 좁은 공간에 오랫동안 물건을 잘 보관해야 한다는 점을 감내해야 했다. 그런데 그쯤이야. 남들보다 더 장사를 잘하기 위해서는 충분히 감내해야 할 부분이었다.

둘, 사람을 존중할 것

"7키로. 물건 내리고 가보쇼."

고물의 무게를 다는 저울 앞에 서서 아버지가 퉁명스럽게 말할 때면, 어머니는 아버지에게 "고물장수들에게 그러지 말라."고 잔소리를 하곤 했다. 그들은 우리 고객이고, 우리를 도와주는 사람들이니까 잘해주라는 것이다. 하지만 아버지는 비루한 옷을 입고 다니는 그분들을 별로 좋아하지 않았다. 당시에는 아버지뿐 아니라 모든 사람들이 고물장수에게 그런 식으로 대하기 일쑤였다. 저울에 물건을 올려놓으면 손도 까딱 하지 않고 "몇 키로." 하고 말하고는 얼굴도 제대로 쳐다보지 않는 식이다.

하지만 어머니는 달랐다. 어머니는 그들이 저울에 물건을 올려놓을 때나 내려놓을 때나 거들어서 같이 해주고, 그들을 고객으로 대해주었다. 그러니 아버지가 있을 때는 그냥 가버리고, 어머니가 있으면 물건을 갖고 들어왔다. 고물장수들은 늘 사람들로부터 '제대로 못 사는' 최극빈층으로 인식되고 절대 대접을 받을 수 없는 사람이었지만, 어머니는 그들을 인간적으로 대해주었다. 명절이 되면 정말 작지만 꼭 선물을 사서 챙겨주고, 뭐든 조금이라도 더 도와주려고 애썼다.

"사장이 별거냐. 저분들이 없으면 우리도 없는 거야." 하면서.

주변 사람들에게 관심을 보이고, 도와주려고 하신 건 그게 다가 아니었다. 당시 우리 동네에 지체장애가 있어 몸이 좀 불편한 아저씨가 한 분 있었다. 다 떨어진 옷을 입고 의사소통도 원활하지 못해서 사람들은 그분을 인격적으로 대해주지 않았다. 겨울이 되니 잘 곳이 없어 여기저기 구석에 박스 하나 깔아놓고 잠을 자곤 했는데, 어머니가 보니 이러다 얼어 죽겠다 싶은 것이다. 우리 집은 더 들일 곳도 없고, 그렇다고 그 사람을 찾아다 돌봐줄 수는 없으니…… 하고 생각 끝에 어머니는 고물상 안에 작은 컨테이너 박스 하나를 준비하고, 거기서 자게 해줬다. 몸은 좀 불편하지만 힘도 쓸 수 있는데 아무도 일을 시켜주지 않으니 돈이 조금만 생기면 술 한 병 사먹고 아무 데서나 자는 모습을 보고 어머니는 무척 안타까워했다. 그래서 또 한 번 결단을 하고 그분에게 말했다.

"이제 술은 그만 사 드시고, 돌아다니는 것도 그만하세요, 아저씨. 술은 꼭 드시고 싶으면 제가 드릴 테니, 오늘부터 여기서 주무시면서 저를 좀 도와주세요. 제가 키가 작아서 물건을 들어 올리고 하는 게 어려우니, 일을 배워 저를 도와주시면 돈을 드릴게요. 그리고 돈을 바로 드리면 모두 술을 사 드실 테니까, 새마을금고에 통장을 하나 만들어서 꼬박꼬박 넣어드릴게요. 나중에 나이 들고 힘들어지면, 그때 그 돈으로 생활하셔야죠."

그렇게 우리 집에는 또 한 명의 식구가 늘었다. 하지만 그분은 우리 가족에게 참 성가신 존재였다. 어머니는 밤에 고물상에 가서 아저씨가 잘 자고 있는지 꼭 확인했고, 늦게까지 돌아오지 않으면 찾으러 다녔다. 혹시 어디 가서 얼어 죽을까 싶어서. 가족들이 원래 그렇게 살던 사람인데 뭘 그렇게까지 신경을 쓰냐고 하면, 어머니는 우리에게 뭐라고 하셨다. "사람이 가장 귀한 것."이라면서.

그리고 그분은 어머니에게 보배라고 했다. 우리 고물상은 공간이 워낙 작다 보니, 그 많은 물건들을 매일매일 빼곡하게 채워 올려야 한다. 어머니의 체구로는 어림도 없는 일이었다. 아저씨가 몸은 좀 불편해도 힘은 잘 써서 어머니가 시키는 일은 곧잘 도와주었다. 당시엔 나도 그 공간에 고물 쌓아올리는 일을 도왔는데 여간 힘든 게 아니었다. 종이도 8~9층까지 각을 맞춰서 딱딱 쌓아올려야 하고, 고철도 아주 체계적으로 잘 올리지 않으면 금세 와르르 무너져 내렸다. 나는 학교에 다녀오면 주로 하는 일이 그거였다. 각 맞춰서 고물들을 착착 쌓아올리는 것. 그래서 지금도 포장하고 짐 쌓는 일에는 매우 능숙하다.

아저씨들이 고물들을 바닥에 놓고 가면 무조건 그날 그것들을 전부 챙겨서 올려야 했다. 그건 무조건 그날 해야 하는 일이었다. 안 그러면 다음 고물장수가 못 들어오니까. 최단 시간에, 제대로 잘 쌓기 위해서 매일 그림을 그리고, 계획을 짜다 보니 엄청난 노하우가 생겼다. 이제 고물이 들어온 걸 보고 공간을 딱 보면 '아, 이걸 이렇게 저렇게 요렇게 각을 잡고 쌓아올리면 요렇게 딱 되겠구나.' 하고 답이 나오는 거다.

아저씨도, 나도, 매 순간이 도전이었다. 그 좁은 공간에 그 많은 걸 다 쌓아올리다니. 지금 생각해보면 모르긴 해도 기네스 감이었을 거다. 계절성 때문에 오래 쌓아두어야 하는 것도 있으니 매일 한계에 도전했다. 나 역시 체구가 작았지만 그때 그 일을 하면서 엄청난 강단이 생겼다. 신체적으로도 무척 단련이 되었다. 게다가 고물장수 아저씨들은 거칠고, 술을 마시고 오는 경우가 많아 종종 추태를 부리기도 해서 내가 남자 역할을 해야 했다. 아버지가 고물상에 없는 날이 부지기수였으니까. 그래서 나는 지금도 흔히 말하는 깡이 좋다. 태권도도 3단이고.

세상이 험하다는 건 그때 고물상을 하면서 수없이 겪었던 터라, 내 몸도 지키고 어머니도 지키기 위해 운동을 하지 않으면 안 됐다. 물론, 고물을 쌓는 데도 엄청난 힘이 필요하기도 하고. 주말이 되면 친구들과 고물상으로 와서 깡통들을 압착하는 게 일이었다. 망치로 냄비들을 내려치고, 군화를 신고 깡통을 밟는 식으로 말이다. 그땐 놀이처럼 그렇게 했지만, 지금 생각해보면 엄청난 노동량이었다.

그렇게 나와 함께 힘을 써가며 일을 했던 아저씨는, 매우 오랫동안 우리 집에서 함께 일하시다, 나중에 요양원에서 돌아가셨다. 어머니는 그분이 돌아가시기 전까지 보호자가 되어서 기초생활수급자로 동사무소에 등록을 해주고, 연금이 나오는 걸 받고 생활할 수 있도록 도와주었다. "그 사람은 우리 집 복덩이야." 하면서.

인공지능이 급속도로 발전하고 있는 세상이지만, 사람 없이 되는 일이 있나. 같은 말로, 사람이면 다 된다. 타고 난 것은 제각각이지만, 서로 부족한 부분을 조금씩 보태고 메꾸다 보면 어느새 비교적 온전한 것이 된다. 누군가가 조금은 희생하고, 먼저 손을 내밀어주고, 그렇게 함께할 때에만 가능한 일이다.

좁아터진 집과 고물상까지, 사람을 들여와서 함께 먹고 자고 생활하는 게 어디 쉬웠을까. 동네 사람들도 주변 사람들도 심지어 가족까지…… 어머니를 이해하지 못하는 사람도 많았을 테지만, 어머니에게 그건 별로 중요하지 않았다. 우리 집은 가난하고, 어머니는 힘이 없으며, 함께할 사람들이 필요했다. 대신 어머니는 마음이 따뜻하고 음식 솜씨가 좋고 사람들에게 늘 상냥했다. 그러니 사람들로부터 손가락질 받고 상처투성이였던 그들에게 어머니는 아마 천사 같지 않았을까. 멀쩡하고 더 힘 세고 머리 좋은 사람들보다 그분들이 더 보배라고 여겼던 건, 서로 부족한 부분을 감싸주고 이해해줄 수 있었기 때문일 것이다.

사람을 존중하는 건 기본적으로 겸손한 마음이 없으면 안 된다고, 어머니는 늘 말씀하셨다. 그렇다. 내가 기준이 되고, 내가 중심이 되면 어느새 사람들은 우스워 보인다. 하지만 사람이 없으면 세상이 돌아가지 않는다. 경영에서도 이는 철칙과 같다. 드러커가 '사람 중심의 경영'이라고 거창하게 표현했지만, 어머니가 사람들을 챙겨가며 함께 먹고살 궁리를 했던 것과 그것은 별반 다르지 않을 것이다.

셋, 진심은 결국 통한다

처음 고물상을 시작했을 때는 고정거래처가 없어서 무척 힘들었다. 요즘 영업사원들이 신규 거래처를 찾아다니듯, 직접 발품을 팔면서 돌아다니며 읍소했다. "우리 물건 좀 사가지고 가세요." 하면서. 젊고 예쁜 여자가 와서 사정을 하니, 처음에는 물건을 좀 사가지고 가는 듯싶더니, 이내 발길이 끊겼다. 고물상 면적이 너무 작고, 어머니 혼자 한다는 걸 알게 되니 뭐 필요한 게 있을까 싶었던 것이다.

하지만 어머니가 전략을 잘 짜고 물건들을 알차게 쌓아두다 보니, 단골이 생기기 시작했다. 손님이 오면 좋은 정보를 흘려주고 갔고, 어머니는 그걸 허투루 듣지 않고 잘 들어두었다가 반드시 활용했다. "앞으로 구리가 좀 좋을 거예요." "철 중에서도 양은이 좀 괜찮답니다." 그러면 프로모션을 거는 거다. 고물장수 아저씨들에게 "자, 지금까지는 구리를 키로 당 800원을 주었는데, 이제 50원 더 얹어줄게요." 그리고 구리를 계획한 것보다 훨씬 많이 가져오면, 그날은 닭고

기나 돼지고기를 사서 파티를 해주겠다며 인센티브 조항을 걸었다.

그러니 아저씨들은 엿과 돈을 조금씩 주고 양은과 구리를 가져와서 우리 고물상에 좋은 값에 팔았다. 어머니는 돈을 주고받는 것도 항상 아주 명확했기 때문에 다들 어머니를 믿고 좋아했다. 기숙을 하지 않는 고물장수들도 소문을 듣고 우리 집에 찾아왔고 면적은 작지만 그렇게 우리 고물상은 서서히 자리를 잡아갔다. 잘나가는 상품들 위주로 고물상을 운영하니, 협력업체 입장에서는 우리 고물상이 주요업체, 발전성 있는 업체로 변해갔다.

그전에는 어머니가 거래처를 찾아다니며 사정을 했지만, 이제 상황이 역전됐다. 그전에는 A 업체를 위주로 거래를 했는데, 이제 B와 C도 찾아와서 물건을 달라는 것이다. 아무리 좋은 물건이 많다 하더라도 기본적으로 면적 때문에 들일 수 있는 게 한계가 있어서, 거래처를 많이 뚫는다고 물건을 다 댈 수는 없었다. 그러다 보니 이젠 거래처도 선택을 해서 물건을 내보내야 할 상황이었다. B와 C 같은 새로운 거래처는 A보다 좋은 값을 제시하며 물건을 사가겠다고 했다. 하지만 어머니는 단호하게 말했다.

"저는 한 번 맺은 곳이랑 끝까지 갑니다."

A는 아무도 우리 집과 단골을 맺어주지 않을 때 기꺼이 와서 의리를 지켜준 곳이었다. 이렇게 선언을 하니, B와 C는 아쉽게도 돌아갈 수밖에 없었고, 우리 고물상이 A와 의리를 지키기 위해 그들을 돌려

보냈다는 소문은 금세 퍼졌다. 그게 A의 회사에게까지 들어가자 업체 사장은 어머니에게 더 잘해주었다.

"그 인연이 뭐라고, 좋은 값도 마다하고 이렇게 저희랑 해주시니 정말 감사합니다."

기본적으로 A의 사장님도 사람이 참 좋은 분이었다. 그러니 아무도 우리를 거들떠보지 않을 때 어머니를 믿고 도와준 걸 테다. 가져갈 물건도 별로 없는데 꼭 들러서 작은 거라도 가져가곤 했다. 그래야 우리 고물상이 유지될 거란 걸 알고 있었던 것이다. 어머니 입장에서는 소중한 인연이 아닐 수 없다. 그러니 의리를 지키는 건 당연했다.

어머니는 매사에 누굴 대하든, 무슨 일을 하든 진심으로 했다. 거짓이 없고 돈 관계도 명확하고 웃음도 눈물도 항상 마음에서 우러나온 대로 보였다. 오래 지내다 보면 상대방의 진심은 반드시 알게 되듯, 어머니와 함께 일하는 모든 사람들이 시간이 흐르면서 어머니의 진심에 감동하고, 기꺼이 도와주려고 했다. 어머니가 어머니의 이익만을 생각하고 사람들을 부리고 싶은 속내가 있었다면 얼마 가지 않아 그 마음이 금세 비춰졌을 것이다. 사람 대 사람의 일은 반드시 나중에는 마음이 그 일을 끌어가게 되어 있으니까.

어머니는 아주 오랫동안 고물상을 했고, 처음 시작했을 때 함께했던 사람들과 계속해서 같이 갔다. 누나와 나, 동생을 대학에 보내고 나서야 고물상을 그만두었는데, 주변에서는 그런 어머니를 보고 정말 '대단하다'고 말할 정도였다. 긴 세월을 험한 일이라면 험한 고물상에서 거친 아저씨들을 상대하며 일했으니, 대단하다는 말도 부족한 표현일지 모른다. 하지만 정말 대단한 것은 단순히 그렇게 버텨온 일 자체의 무게보다, 어머니의 어깨 위에 올려졌을 삶의 무게였을 것이다. 그 누구도 쉽게 상상할 수 없는 방법으로, 최악의 상황 속에서도 최선의 결과를 만들어내기 위해서 온 힘을 다했다. 그리고 정말 중요한 것은 그 매 순간을 진심으로 빚어냈다는 사실이었다. 그걸 보며 나는 깨달았다. 진심이란 가장 견고한 결과를 빚어내는 마음이란 것을 말이다.

넷, 자신을 믿고 두려워하지 말 것

어머니가 고물상을 운영하는 걸 보면서 참 많은 걸 배웠는데, 그중에서도 나는 매사에 '두려워하지 않는' 어머니의 모습이 그렇게 대단해 보였다.

'하면 되지. 해보면 되지.'

기본적으로 어머니의 마음속엔 이런 생각이 깔려 있었다. 그냥 하면 되는 게 아니라 '두려워하지 말라'는 뜻이다. 어차피 사람 사는 세상이잖아. 그러니 사람들과 부딪혀서 해나가다 보면 길이 나올 거고, 그 길로 가다 보면 또 다른 길이 나오고, 그렇게 살아가는 거라고.

결국 어머니의 이 가르침은 내가 나중에 과감하게 손을 들 수 있는 상황으로 끌고 갔을 것이다. '왜 아무도 손을 안 들지? 일단 해보면 될 텐데. 어차피 사람이 하는 일인데.' 나도 그렇게 생각했으니까.

어머니는 한 번도 비즈니스를 해본 사람이 아니었지만 자신의 감각을 믿었다. 길을 찾아보고 안 되면 돌아가고 빠른 길이 있어도 때로는 안전한 길로 가고 또 때론 좀 험해도 바른 길로 가는 등 길을 찾아서 열심히 가다 보면 언제든 가게 될 거라고 말씀하셨다. 그리고 이것은 사람에 대한 믿음이 있으면 언제든 가능한 일이라고도. 지위 고하를 막론하고 누구를 대하든 내가 먼저 베풀면 상대방도 언젠가는 그에 맞게 나를 대해줄 거라고 말이다. 어머니는 사람에 대한 믿음도 강했고 자신에 대한 믿음도 강했다. 무슨 일이든 말보다는 먼저 실행으로 옮겼고, 될 때까지 집요하게 가보려는 정신도 강했다.

어머니는 무척 훌륭한 분이었지만, 그때 나는 정말 우리 집이 고물상을 하는 게 싫었다. 어머니가 고물 속에 파묻혀 일하는 것도 싫었고, 방과 후엔 허름한 옷에 리어카를 끌고 마을 여기저기를 돌아다니며 고물을 주워야 하는 현실도 싫었다. 반장도 하고 전교회장도 하고 친구들과 즐겁게 놀다가, 집에만 오면 그런 모습으로 마을을 돌아

다녀야 한다는 게 자존심이 상했다. 그렇게 다니다 혹시 친구들을 만나면 어쩌지, 처음엔 그런 생각을 안 한 것도 아니다. 우리 부모님이 다른 부모처럼 일반적인 직장에 다니는 사람이면 얼마나 좋을까, 그래서 금수저까지는 아니어도 평범하게 학교 다닐 수 있고 가끔은 외식도 하고 그러면 얼마나 좋을까 싶었다. 집도 좀 깨끗했으면 싶었다. 아무리 치워도 고물장수 아저씨들이 들어오고, 고물은 고물상뿐 아니라 집까지 영역을 침범해왔다. 어디가 고물상이고 어디가 집인지 경계도 불분명했다.

내가 이런 생각을 하고 있을 때 어머니는 나보다 더하셨겠지, 하고 생각한다. 뭐 그렇게 다른 생각을 했을까. 하지만 가족을 위해 희생해야 한다는 것은 유일한 선택지였다. 그러니 자신을 믿고, 두려움을 떨치고 강하게 앞으로 나아가야만 했다. 나도 처음엔 불평했지만, 그 상황에 곧 적응해갔고 어머니의 그런 모습을 보고 배워갔다.

사람을 믿고 두려워하지 않는 것. 이것은 조직에서 팀장 이상이 되면 무조건 가질 수밖에 없는 덕목이다. 계속해서 새로운 일이 주어지니까. 세상은 더욱 빠르게 변해가고, 그에 따라 계속해서 새로운 업무가 주어진다. 그 앞에서 '어떡하지.' 하고 있을 수는 없다. 먼저 자신을 믿고, 함께할 사람들을 믿고, 두려움을 떨치고 도전해야 한다. 도전하지 않으면 머무는 게 아니라 후퇴할 수밖에 없다.

다섯, 나를 낮추고 상대를 높일 것

"세상에 사연 없는 사람 없다."

냄새 나는 아저씨들 곁을 지나면서 코를 막는 나에게 어머니는 담담하게 말씀하셨다. 부유한 사람이든, 잘나가는 사람이든, 그저 그렇게 사는 사람이든, 제대로 못사는 사람이든…… 누구에게나 그들 나름의 상황이 있고 이유가 있고 히스토리가 있다면서. 그땐 어머니 말이 잘 이해가 안 갔다. 매일 술 마시고 코가 빨개져서 오는 아저씨들을 볼 때면 '왜 저렇게 살지.' 하고 한심하단 생각만 들었다. 하지만 어머니는 그랬다. 저 사람들도 다 한 가정의 가장이었을 거고, 지금도 그럴 수 있다. 또한 우리 사회의 일원이니까 우리는 그에 맞게 대접을 해줘야 한다고.

어른이 되고 사회에 나와 보니 어머니 말씀이 이해가 되면서 '나는 어떻게 살고 있나.' 하는 생각이 많이 들었다. 잘 살고 있나? 누구에게 피해를 주거나 겸손하지 못한 모습으로 상처를 준 적은 없나? 나도 일찌감치 결혼해 누군가의 남편이 되고 아이들의 아버지가 되었는데 과연 사람들이 인정해줄 만한 삶을 살아왔나?

나에겐 내 나름의 사연이 있고 내 삶의 이야기가 있는데, 누군가 거기에 대해서 비난하고 잘 모르면서 함부로 이야기한다면 참 기분이 나쁠 것이다. '네가 뭘 알아!' 하는 생각이 들지도 모른다. 때로는 절망 속에 헤어 나오기가 힘들어서 방황하고 도저히 일어설 수가 없어서 그냥 엎드려 있을 때도 있을 텐데, 그런 내 마음이나 상황을 알지도 못한 채 나를 비난하거나 사람 취급도 안 해준다면 내 마음이 어떨까. 정말 아찔한 일이다.

어머니가 그 대상이 누가 되었든, 신분에 상관없이 사람을 사람답게 대해줘야 한다고 했던 게 무엇인지 조금은 알게 되었을 때 참으로 많이 후회가 되었다. 겸손이란 건 억지로 참으며 나를 낮추려는 행위가 아니라 진심으로 자신이 걸어온 삶을 반성하고 상대방을 높여주려는 마음에서부터 시작된다고 본다. 그렇다 보니 그렇게 살아오지 못한 숱한 세월들이 부끄러워지는 것이다.

우리가 겸손해야 하는 건, 우리 또한 언제 어떤 식으로 누구에게 상처를 주었는지 모르기 때문이다. 잘 살아온 것 같지만, 정말 열심히 살아온 것 같지만, 어떤 과정에서 남을 속이거나 무시했을 수도 있다. 내가 기억하지 못하는 순간도 있을 수 있으니 하늘을 우러러 한 점 부끄럼 없는 사람이 어찌 있을 수 있을까. 나도 분명 그랬을 테니 늘 겸손한 마음으로 살아야 하는 것이다.

사소한 잘못도 하지 않고 사는 사람은 없을 테다. 나 역시 실수투성이의 삶을 살았고, 지금 역시 완벽할 리 없다. 또한 누구도 그럴 수 없다. 그래서 나는 이 책을 읽는 누구보다 겸손해져야 한다고 다짐한다. 누구보다 더 많은 잘못을 하고 누구보다 많은 상처를 줬을지도 모르니까. 그리고 어머니는 늘 말씀하셨다. 자신을 겸손으로 다스리는 사람만이 더 많은 것을 배울 수 있다고. 정말 불변의 진리다. 또한 이 책을 통해 용서를 구하고 싶다. 혹시라도 나로 인해 상처받았던 사람들에게 "용서해주세요."라고 말이다…….

정말 잠깐도 있고 싶지 않았던 그곳이
도서관이 되고, 또 놀이터가 되었다.
미국에 유니버셜 스튜디오가 있다면
전북 익산에는 조흥 고물상이 있었다.

경영은 무에서
유를 창조하는 것이다

"그는 확실성을 찾으려고 하지 않았다.
'모든 확실한 것은 거짓'이기 때문이다."
-《인생의 발견, 시어도어 젤딘》 중에서

내 인생의 모토는 주변 사람들과 '함께' 가는 것이다. 첫째도, 둘째도 그것이다. 그리고 그중에서도 지금 나와 함께 열심히 나아가고 있는 후배들에게 '불확실성을 참아내라'는 말을 꼭 해주고 싶다. 나는 지금 회사의 대표를 맡고 있지만, 결국 우리 개개인은 자신의 삶을 운영하는 경영자가 되어야 한다. 나의 어머니가 불확실한 자신의 삶에서도 자신을 믿고 변화에 적응하며 길을 찾아나갔듯, 우리 또한 우리의 삶을 그렇게 이끌어가야 한다. 내 삶을 어떻게 경영하느냐는 곧 우리의 행복과 직결되기 때문이다.

우리가 살아가는 이 삶은 불확실로 가득 차 있다. 앞으로 점점 더 그렇게 될 것이다. 불안하고, 변화에 대처하기는 쉽지 않다. 그래서 선택을 하기가 힘들어진다. 이렇게 하면 어떻게 될까, 저렇게 하면 어떻게 될까. 끊임없이 고민만 하게 된다.

HP가 분사가 되었을 때도 비슷한 상황을 보았다. 보통 분사가 되면 분사한 회사는 직원과 매출을 반반의 비율로 나누게 된다. 합병을 하면 반대로 두 배로 커진다. 그런데 한국의 경우 그 비율이 좀 적은 편이다. 그러다 보니 기존의 회사에서 이쪽으로 와야 하는 경우가 생긴다. 사업부문, 관리부문 등 여러 조직에서 이동을 해야 하는데 갈등이 생기는 것이다. 불확실하고 불안하니까 쉽게 결정을 못하는 것이다. 여기에선 안정적이었는데, 저기 가면 어떻게 변할까. 새로운 회사는 어떨까. 불안감은 증폭된다. 나도 똑같다. 누군들 안 그렇겠는가. 어떻게 될지 모르는 안개 속에서 안정감을 유지할 수 있는 사람은 드물다.

그럼에도 이 안에서 선택을 하지 않는다면 우리는 후퇴할 수밖에 없다. 불확실성 속에서도 한 발짝 앞으로 나아간다면 그건 전진이다. 안개는 어느새 걷힐 거고 길은 반드시 다시 보이게 된다. 경영이란 수없이 반복되는 변화의 과정 속에서 길을 찾는 일과도 같다. 모든 게 처음 맞닥뜨리는 상황이니 가이드도 없고 정답도 없다. 하지만 무조건 선택을 해야 하고, 앞으로 나아가야 한다. 내가 그렇게 해야만 나를 믿고 있는 사람들도 나와 함께 나아갈 수 있다.

내가 내딛으면, 그곳이 길이 된다

OECD 산하에는 세무정책위원회를 포함해 여러 정책 부서들이 있다. 2012년부터 OECD 세무정책위원회는 이른바 구글세로 불리는 BEPS(소득이전을 통한 세원잠식: Base Erosion and Profit Shifting)에 대해 세계적인 공식 대응 필요성이 제기돼 3년간 분야별 대응 조치를 담은 규제안을 작성했으며, 이 규제안은 2015년 11월 주요 20개국(G20) 정상회의에서 최종 승인되어 현재까지 계속 진행 중이다.

BEPS는 다국적기업이 조세조약상으로 유리한 세율이 부과되는 국가에 페이퍼컴퍼니 등을 만들어 세금을 회피하려는 행위를 뜻한다. 즉 국가 간 세법의 차이, 조세조약 또는 국제조세제도의 미비점 등을 이용하여 세금을 회피하는 행위이다.

주요 20개국 정상들이 2015년 11월 16일(현지시간) 터키 안탈리아에서 정상회의를 갖고 'BEPS' 최종 보고서를 승인하는 절차를 밟았다. BEPS는 최소 기준, 공통 접근, 모범 관행·권고안·지침 등의 조치 사항으로 분류되며 조치 사항별로 이행 강제력에 차이가 있다. 이중 최소 기준은 G20과 경제협력개발기구(OECD) 소속 40개국에 대해 강제 이행 의무를 지게 된다. 최소 기준에는 조세조약 남용 방지, 유해조세 경쟁 차단, 국가별 보고서 도입 및 교환, 분쟁해결절차 개선 등이 포함된다.

한편, BEPS에 대한 대응방안으로 도입되는 조세제도를 일명 구글세(Google's tax)라고 인터넷 지식백과사전에서 주로 얘기하며 구글뿐만 아니라 애플, 페이스북, 마이크로소프트, 스타벅스 등 다국적기업들과 계속적인 논란이 있다. 다국적기업들이 글로벌 시장에서 벌어들인 소득을 조세회피 목적으로 특허사용료나 이자 등의 명목으로 세율이 낮은 나라로 이전시키는 경우, 이러한 조세회피 행위에 대해 규제하려는 것이 OECD BEPS 대응방안이다.*

그런데 기업이 실제 비즈니스 전략으로 거래를 진행한 내용도 조세회피 목적으로 거래를 진행한 것처럼 해석될 가능성이 대두되면서 이 영향이 막대해질 거라고 생각했다. 그러다 보니 다국적기업들은 대책을 세워야 했다. 기업 본사의 임원들은 해외 유수의 로펌, 회계법인들과 연락을 해서 자신들의 나라에 맞게 준비를 해나가야 했다. 하지만 로펌들도 어떻게 해야 할지를 몰랐다. 이제 시작한 프로젝트고 모두가 처음 맞닥뜨리는 상황이니까.

우리나라도 예외가 될 수 없는 상황이었다. BEPS는 삼성, 현대 등 우리나라 유수의 기업뿐 아니라 전 세계 기업에도 영향을 미치게 될 상황이었다. HP도 대응을 해야 하는데, 외부에 일을 주어도 고민하기는 마찬가지일 테니 고민이 되었다. 그때, 내가 손을 들게 된다.

---

* 네이버 지식백과, 시사상식사전, 박문각

"우리 회사 내에 BEPS 위원회를 만들어서 어떻게 대응해야 할지 파악해서 주도해보겠습니다."

그렇게 해서 나는 HP 내에 'Global OECD BEPS COUNCIL'을 만들고 거기에 리더로 시작을 했다. 나는 먼저 전 세계 HP 법인들을 리스트업 해서 OECD 의견을 담은 리포트들을 보내고 그 내용에 맞춰 HP 법인들이 어떻게 비즈니스를 해야 하고, 규제를 만들어나가야 하는지를 만들어냈다. 한국인으로서는 유일하게 그 일을 했고, 그러다 보니 한국에 있는 세무 담당자, 로펌 담당자, 회계법인 담당자들이 자주 문의해 왔다.

"HP에서는 어떻게 하고 계신 거죠?"

기업들의 카운슬링을 해줘야 하는데, 처음이라 도무지 감이 잡히지 않아서 글로벌 기업 중 선제적으로 기업 내부적으로 BEPS위원회를 만들어 전 세계 법인들을 준비시켜나가는 HP에게 물어보고 싶다는 것이다. 한국 소재 다국적기업이나 한국기업 내부의 사람들은 이 일 자체에 관여되어 있는 경우가 잘 없어서, 국내 담당자들은 그 방법을 찾을 수가 없는 상황이었고, 유일하게 나만이 HP에서 한국인으로서 그 일을 하고 있으니 나를 찾아와 가이드를 부탁했다. 지금도 벤치마킹을 하기 위해 계속해서 사람들이 찾아와 조언을 구하기도 한다. 그럴 때는 컨퍼런스를 열어 발표하고 토론을 통해 의견을 공유하곤 한다.

경영이란 무에서 유를 창조하는 일이라고 생각한다. 나라고 두려움이 없었을까. 아무도 해보지 않았던 일이고, 잘 되리란 보장도 없었지만 일단 부딪혀서 가봐야 결과를 알 수 있는 것 아니겠는가. 누구도 하지 않은 거라면 누구라도 해야 하고, 길은 반드시 처음에 누군가는 내디뎌야 만들어지는 것이니 그게 내가 아닐 이유도 없고, 내가 못할 이유도 없는 것이다.

무에서 유를 창조한다고 해서, 아무것도 없는 것에서 존재가 생겨난다는 것이 아니다. 특히, 우리와 같은 업무는 레퍼런스를 찾아서 새로운 케이스를 만들어내는, 재창조의 일이라고 할 수 있다. 이전에 했던 프로젝트들을 보면서 어떤 식으로 해왔는지 그 형식과 절차를 들여다보면, 그것을 바탕으로 예측을 할 수 있다. 이전 사람들이 했던 레퍼런스들을 찾아서 현재의 상황을 대입시키면 미래에 가야 할 방향이 어느 정도 잡히게 된다는 뜻이다. 그렇게 큰 그림을 그리면, 그 다음 해야 할 일은 바로 소통이다.

OECD의 목표는 기업들의 탈세를 막고자 함이지만, 기업들은 현실적으로 합리적인 세금을 내되 최대한 절세할 수 있는 방법을 찾는 것은 당연하다. 그래서 소통이 필요하다. OECD에서는 이렇게 하려고 하는데 우리의 현실은 무엇인가. 그걸 먼저 파악해야 한다. 중요한 건 현장에 다 있기 때문에 실제로 사업을 운영하고 있는 본부장들과 긴밀하게 대화를 나누면서, 무엇이 문제이고 무엇이 필요한지 이야기를 나눈다.

국제조세란 그 현장의 일을 녹여주는 것이다. 세무만 잘하고, 법만 잘 안다고 되는 일이 아니다. 소통을 통해 비즈니스를 하는 사람들의 니즈와 전략을 그대로 같이 인용해줘야 한다. 국제조세에 있어 가장 중요한 마인드는 바로 비즈니스 마인드이다. 이것은 곧 리더십과도 연결이 된다. 리더십이란 무엇인가. 리더십을 강조하는 사람들은 '리더십이 무엇인지' 이야기하기에 바쁘다. 하지만 나는 대표가 된 지금도 하고 싶은 말을 꾹꾹 참는다. 실무자들이 먼저 이야기를 하도록 두는 것이다. "네가 생각했을 때 어떻게 하면 좋겠는가." 스스로 생각하고, 고민하고, 솔루션을 찾아 이야기하도록 한다. 그런 다음, 그 생각들에서 더 넓은 의미의 내 생각들을 접목시켜주고 최후의 결정을 한다. 내가 말을 많이 할수록 그들의 이야기를 들을 수가 없으니까. 뒤에도 이야기하겠지만 경영과 리더십의 핵심에는 바로 '리스닝'이 있다.

어릴 적 우리 동네의 작은 공터 하나에 어머니는 자식 셋과 남편, 그리고 동네 아저씨들과 노숙자들이 함께 먹고 자고 일하고 공부하며 살아갈 수 있는 터전을 만들어냈다. 그 작은 체구, 비즈니스라는 평생 들어본 적도 해본 적도 없는 작고 여린 여자가 그 일을 해낼 거라고는 누구도 생각해본 적 없을 것이다. 하지만 어머니는 해냈다.

그리고 묵묵히, 사람들을 돌보고 자식들 공부를 시켜가면서 경영이라는 게 무엇인지 내게 몸소 보여주었다. 모든 사람이 '아무도 못해봤기 때문에' 주저하고 있을 때 내가 손을 들었고, 훌륭하게 맡은 일들을 해낸 것처럼. 작은 공터, 고물 더미들 속에서 나를 보며 "너를 믿는다. 너는 나의 희망이다."라고 하시며 웃던 어머니의 얼굴이, 지금도 수많은 변화 속에서 주저하고 있을 때마다 그 누구의 거창한 문구나 가르침보다 더 큰 용기와 힘이 되어준다.

존경.
거창한 성공을 이룬 사람이 아니라,
더 거친 곳에서 바람을 딛고 걸어가고 있는 사람들,
그들이 받아야 할 것이지.

초록우산어린이재단 한사랑마을 장애영유아원 봉사를 갔다가, 한 친구가 야구를 좋아하지만 야구장에는 갈 수 없어서 평생 꿈이 야구장 관람이라는 얘기를 들었다. KT구단에 연락하여 협조를 구하고 특수버스를 동원하여 HP사회공헌위원회 친구들과 '수원 야구구장'의 장애인 휠체어석에서 야구장 관람의 꿈을 이뤄주었다.

내가 여기까지 왔으니,
당신은 더 멀리 갈 수 있다.

Part 03
멀리 가기 위해, 함께 갈 것이다

'개인기'도 봐줄 사람이 없으면 별 볼일 없는 능력이다.
내가 자꾸 '함께'를 강조하는 건
혼자서는 아무리 잘해도 기쁨의 한계가 지어지기 때문이다.
함께하면 조금만 잘해도 큰 기쁨을 공유할 수 있다.
내가 부족한 걸 인정하고 아는 사람만이
그 기쁨의 특권을 가질 수 있다.
물론, 그 선택은 각각의 몫이다.

소통하지 않는 리더는
함께 일하는 사람을 외롭게 만든다

*"타인과의 관계에서 자신이 귀중한 존재로 여겨질 때,
자존감은 유지된다. 타인에게 비춰진
객관화된 나의 모습을 통해 내 자존심을 유지하는 것이다."*
— 《나는 아내와의 결혼을 후회한다, 김정운》 중에서

세상의 모든 리더들에게 소통이 얼마나 중요한지는 매일매일 강조해도 지나치지 않다. 절망의 10년 동안 HP에서 저성과자로 지낼 때 유일하게 나와 진지하게 얘기를 나누고 나의 가능성을 보고 멘토링을 해주었던 사람이 바로 스티븐이다. 내가 그를 통해 얼마나 많은 영향력을 입었고 또 나 스스로를 극복하고 나오는 데 용기를 얻었는지는 말로 다 설명할 수 없다. 그렇기에 내가 리더의 자리에 오르고 나서부터는 나 또한 그와 같이 소통을 기다리는 사람들에게 다가가는 일을 절대 주저하지 않는다.

나는 '부하'라는 말보다 '후배'라는 말을 더 좋아하고 많이 쓰는데, 내가 받은 멘토만큼 반드시 해줘야 한다는 생각을 강하게 갖고 있기

때문에, 지금도 후배들을 볼 때마다 기회가 있으면 내 시간을 어떻게든 쪼개어서 1:1 멘토링을 하려고 노력 중이다. 의식이 있는 리더가 후배를 멘토링할 때 어떻게 그 후배가 변화되고 발전해갈 수 있는지 난 이미 경험한 사람이다. 그들에겐 그런 기회가 간절할 것이고, 나는 그 기회를 만들어줘야 할 의무와 책임이 있다. 회사 내부적으로 HP사회공헌위원회, 회사 외부적으로는 초록우산어린이재단 홍보자문위원회의 위원장을 맡아 조직을 만든 것도 그런 이유에서다.

소통이 중요하다는 것을 알고 있었고, 비교적 사람들과의 커뮤니케이션이 원활한 편이었지만 조금 더 전문적인 소통의 기술이 필요했다. 내가 맡은 업무와 회사 내에서 자리가 바뀔수록 어떤 식으로 소통해야 좀 더 효율적이고 멋지게 할 수 있는지 배우고 싶었지만 경험의 창구가 없었다. 그때 나에게 간접경험을 하게 해준 것이 바로 스티븐이었다.

한번은 싱가폴에서, 전 세계 국제조세금융 전문가들을 모아놓고 하는 TEI(Tax Executives Institute)라는 국제회의가 열렸다. 스티븐이 직접 그 컨퍼런스를 주관했는데 어느 날 내게 초대장이 날아온 것이다. 당시 나는 한국 HP 과장이었으니 그 자리에 초대를 받을 수 있는 입장이 아니었다.

'한번 보고, 배워라. 그리고 나중에 너도 똑같이 해라.'

이게 스티븐의 의도였다. 그래서 난 그 국제회의에 단순히 참관한 것이 아니라, 배우기 위해 참여했다. 스티븐은 자신이 어떻게 회의를 준비하고, 리드하며, 그것을 통해 무엇을 이루려고 하는지를 나에게 공유해주면서 하나하나 가르치기 시작했다. 자신이 왜 이 회의를 맡아 진행하는지, 어떻게 진행을 해서 사람들로부터 자신의 이미지를 어떻게 끌어낼 것인지, 그리고 회의가 끝난 후에 자신이 원하는 결과를 어떻게 도출해내려 하는지 전반적으로 설명도 해주었다.

그 모든 과정을 지켜보면서 소통이 얼마나 중요한 것인지 체감했다. 그때가 내 삶에선 처음으로 국제무대에서 소통하는 법을 본 것이었고, 사람들을 어떻게 리드해야 하는지 샘플을 보고 간접경험을 한 계기가 됐다. 내가 앞으로 사람들과 어떻게 소통해나가야 하는지, 영감을 얻었음은 물론이다.

소통하지 않는 사람은 늙은 사람이다

스티븐이 대리에 불과한 나를 좋아했던 건 두 가지 이유였다고 한다. 오픈 마인드, 그리고 잘 웃는 것. 스티븐과는 전화나 화상으로 회의를 할 때가 종종 있었는데 그때마다 내가 웃는 모습이 참 맑고 즐거워 보였다고 한다. 자기를 보는 것 같았다고. 한국에 와서도 나와 회의를 할 때면 긍정적인 마인드로 웃으면서 일을 해나가는 모습이 보기가 좋았단다.

"그렇게 밝은 사람 곁에 있으면 나도 즐거워질 것 같더라고."

그리고 그런 사람이 조직을 이끌어간다면 참 좋겠다. 어차피 리더가 모든 구성원을 행복하게 해줄 수는 없다. 변화가 오면 불이익이 생기고 어려움이 생긴다. 그럴 때 리더가 조금 더 즐거운 사람이라면 같은 변화가 오고 불이익이 오더라도 사람들이 느끼는 감정이 다를 것이다. 그의 긍정적인 에너지와 열정을 믿고 따른다면, 좀 더 안정적으로 쉽게 하나가 되어서 상황을 돌파할 수 있을 것이다……. 이게 그의 생각이었다.

그가 본 나의 모습은 사실이었다. 나라고 그 상황이 편하고 어렵지 않아서 웃는 건 아니지만, 그 웃음이 진심인 건 사실이다. 나는 행복해서 웃는 게 아니라 웃다 보니 행복한 것을 느낀다. 비록 절망 속에서 10년을 보냈지만, 난 결코 긍정적인 태도와 마음을 잃지 않았다. 언젠가 나에게 맞는 자리, 잘할 수 있는 게 뭔지는 모르겠지만 하나는 있겠지, 그렇게 믿고 기다릴 수 있었다. 그리고 그런 내 모습이 진실 되게 그의 마음에 각인이 되었던 것이다.

"소통하지 않는 사람은 늙은 사람이다."

스티븐이 입버릇처럼 하던 말이 떠오른다. 그는 항상 오픈 마인드였고, 젊은 마음으로 소통하고 어린 친구들과 잘 어울렸다. 그리고 "가장 좋은 결정은 올바르게 결정하는 것이다. 또한 빨리 결정하는 것은 좋은 결정이고, 결정하지 않는 것은 최악의 결정이다(The best decision is right decision, Better decision is quick decision, the worst decision is no decision.)."라며 리더가 판단과 결정하는 것이 얼마나 중요한지도 늘 일깨워주었다.

그렇게 빨리 결정을 하려면 역시 소통이 바탕이 되어 있어야 할 테니까. 실무자들과 소통하는 관계가 되어 있지 않으면 빠른 결정은 있을 수 없다. 평소에 자주 소통하면서 많은 사람들의 상황을 잘 파악하고 있으면 문제가 오거나 변화가 생겼을 때 결정하는 일은 쉬워진다. 그제야 문제가 무엇인지 파악하려면 이미 늦은 것이다. 스티븐은 그걸 아주 잘 아는 사람이었고, 일관성 있게 내게 소통의 의미를 깨우쳐준 것이다.

그리고 소통에 있어서 리스닝이 얼마나 중요한지도 함께 배웠다. 스티븐이 부사장일 때 나는 겨우 대리 혹은 과장이었는데도, 그는 항상 "네 생각은 뭐야?" 하고 내 의견을 먼저 물어보았다. 그리고 내가 내 생각을 이야기하면 끝까지 다 들은 다음에 자신의 생각을 이야기한 후 진행을 했다. 항상 우리의 생각을 먼저 들어주었고, 자기 의견을 중간에 집어넣으려 하지 않았다.

임원이 되면 사실 너무 바쁘다. 시간이 없어서 내 얘길 하기도 바쁘다. 밑에 있는 실무자들의 이야기를 충분히 들어준다는 건강한 인내심이 없이는 불가능하다. 그런데도 그렇게 높은 자리에서 나처럼 밑에 있는 직원에게 생각을 물어보고 끝까지 들어줄 수 있다는 건, 지금 생각해보아도 정말 훌륭한 사람이었다 싶다. 스티븐은 지금은 미국의 한 경영대학원에서 학생들을 가르치며 조그만 스타트업 회사들을 자문하고 있다. 나보다 열세 살 위인데 정말이지 초고속 승진을 했고 미국 사회에서 중국인으로서는 굉장한 성공을 거뒀다. 그도 나처럼 잘 웃고, 참 밝은 분이다. 위트도 있고.

리더는 결정을 해야 하는 사람이 맞지만, 그 바탕은 반드시 현장에서 일하고 있는 실무자들의 이야기가 되어야 한다. 소통하지 않고 내린 결정은 누군가에게는 불합리하게 느껴질 것이고, 책임감 없게 느껴질 것이다. 또한 소통하지 않으면 함께 일하는 사람들을 외롭게 만든다. 그들은 모두 스티븐이 내게 손을 내밀었던 것처럼 윗사람의 손길과 소통의 창문이 열리기를 기다린다. 그리고 그 창문을 여는 것은 누구라도 상관없지만 가능한 한 당신이 먼저이길, 바란다.

주한미국상공회의소(AMCHAM),
이노베이션 캠프 글로벌 기업 임원단 특강 대학생 멘토링

인간은 고독하지만
홀로 살 수 없다.
그리고 외롭지만
늘 누군가와 이어져 있다는 느낌을 원한다.

- 《죽을 때 후회하는 스물다섯 가지》 중에서

좋은 소통, 나쁜 소통

"진정성의 정확한 실체는 모르지만
진정성이 없는 것이 무엇인지는 직관적으로 알고 있으며
진정성이 뭐든 간에 사람들은 그것을 원한다."
-《진정성이라는 거짓말, 앤드류 포터》중에서

나는 사람을 좋아한다. 원래부터 그렇게 사람을 좋아했냐고 많이들 물어보는데, 원래부터 그런 사람이 어디 있겠는가. 사람을 좋아하는 마음을 타고나는 건 아닌 것 같다. 사람 대 사람으로 깊이 사귀다 보면 이 사람은 사람을 좋아하는 사람이구나 싶은 경우가 종종 있긴 해도, 원래부터 그런 사람은 없다. 실제로 사회생활을 어느 정도 해본 사람들이라면 사람을 좋아한다는 게 얼마나 어려운지 잘 안다. 상처를 쉽게 받을 수도 있기 때문에 먼저 다가가는 일은 늘 어렵다. 나도 마찬가지다.

처음 HP에 들어왔을 때를 생각해보면 사회에서 새로 만나는 사람들 대부분이 어렵고 두려웠다. 오래된 사람들은 아무리 오랜만에 만

나도 언제 그랬냐는 듯 반갑고 편안하다. 함께 우여곡절을 겪었고 많은 시간을 같이 보냈으므로 편하고 쉽다. 하지만 사회에서 만나는 사람들은 대부분 이해관계로부터 비롯되었기 때문에 늘 두려움의 대상이 될 수밖에 없다. 나도 여전히 새로운 사람을 만나는 것이 두렵다. 내가 아무리 오픈 마인드이고 긍정적인 사람이라 하더라도 먼저 마음을 열고 다가섰다가 상처를 받은 경우도 엄청나게 많기 때문에 더욱 그렇다.

그래서 사람을 좋아한다는 건 후천적이라고 말하는 것이다. 사람을 좋아하게 되었다는 것은 누군가 나를 좋아해준 경험을 가졌다는 말과도 같다. 누군가 나를 좋아한다는 게 이렇게 좋은 거구나, 내가 더 잘해야겠다, 그리고 나도 그를 좋아해야겠다…… 난 이런 과정을 통해 우리가 누군가를 좋아하는 법을 터득해간다고 생각한다. 실제로 나도 누군가가 나를 좋아해준 경험이 있기 때문에, 그것을 통해 사람을 좋아하는 법을 배웠다. 그게 얼마나 좋은 건지 알기 때문에 그 좋은 걸 다른 사람에게도 주고 싶은 것이다. 그리고 그렇게 서로를 좋아하는 행위는 곧 소통이 된다. 그 소통은 모든 사람을 이롭게 하는 방향으로 흘러간다.

HP사회공헌위원회, 살레시오 다문화가정 아이들의 지도교사들과 함께

NO ONE KNOWS

그렇다면 좋은 소통이란 어떤 걸까. 그걸 이야기하기에 앞서 나쁜 소통이란 어떤 것인지도 함께 알면 좋겠다. 수많은 사람들을 상대해야 하기 때문에 소통은 이제 나에게 삶이 되었다. 그러다 보니 리더로서 절대 하지 않아야 할 소통에 대해서도 많은 통찰을 갖게 된다.

나중에 한 번 더 이야기하겠지만, 감명 깊게 읽은 책 중《좋은 기업을 넘어 위대한 기업으로》라는 책이 있다. 아마 많은 사람들이 오래 전에 이 책을 읽고 깨달음을 얻었을 것이다. 내용 중에 좋아하는 문구가 있는데 바로 '엄격하지만 비정하지는 않다'라는 말이다. 내가 사람을 좋아하고 소통을 중시하는 사람이라는 것은 주변인이라면 누구나 알 수 있다. 그래서 종종 그런 질문을 해온다.

"회사에 정말 큰 피해를 입히는 사람, 좋지 않은 영향을 미치는 사람은 어떻게 해야 할까요? 그들과는 어떻게 소통해야 할까요?"

이런 경우는 참 쉽지 않다. 사람은 누구나 다르기 때문에 그게 누구든 깊게 사귀어보면 좋은 점들을 발견할 수 있다. 특별히 일적으로 통하지 않거나 도움이 되지 않아도, 인간적으로는 애착이 가는 사람도 있고, 관계를 깨뜨리고 싶지 않은 경우도 있다. 하지만 일로 만난 관계 속에서 리더는 어떤 결정을 해야 할 때가 있다. 사람들과 소통을 잘해야 하는 것도 궁극적으로 우리가 함께 몸담은 회사의 비전을 성취하고 개인의 행복도 보장되도록 하기 위함이기 때문에 그 두 가지가 충족되지 않는다면 그 소통은 의미 없는 것이 되고 만다.

리더는 이런 경우 그 사람에 대한 냉철하고 객관적인 평가를 해야 한다. 하지만 매정하고 상처 주는 사람이 되기 싫어서 우유부단하게 행동하고 상대방을 희망고문하면서 행복한 삶을 방해하는 경우도 많다. 아쉽지만 이런 경우, 회사 입장에서 냉정하게 정리를 하되 개인적으로는 비정하지 않아야 한다는 것이 나의 생각이다. 이것은 모든 리더에게 매우 중요한 덕목이라고 본다.

NO ONE KNOWS. 이제는 불확실성의 시대다. 리더는 이러한 불확실성 속에서 가장 먼저 앞으로 나아가야 하는 사람이다. 아무도 가지 않은 길에 대해 두려워하고 불안해하며 주저한다면, 밑에 있는 사람들도 함께 갈 수 없다. 그들은 더욱 불안에 떨고 두려움 속에서 갈등만 하게 될 것이다. 그때에 리더는 주저하지 말고 앞으로 나아가되, 이때에는 객관성이 무척 요구된다.

리더는 직원들에 대해 평가를 할 때 객관적인 기준으로 엄격하고 투명하게 해야만 진정성 있는 소통이 가능해진다. 투명하게 소통하지 않으면 직원들은 그 리더가 '룸 속의 정치'처럼 불합리함과 불투명함으로 점철된 자신들만의 논의라고 생각하기 쉽다. 리더는 불확실성에서 리더십을 발휘할 때 회사의 비전, 회사의 방향에 대해서는 엄격하고 객관적이어야 한다. 그것은 기준을 잡는 리더십이다. 리더의 이면에도 불안감이 있기 때문에 그것을 지켜보는 직원들은 명확한 소통이 이루어지지 않을 때 기준을 잃고 방황한다.

무조건 '냉철하라'는 말이 절대 아니다. 우리는 누구나 단점이 있고 실수할 수 있다. 그것에 대해서는 계속해서 인간적으로, 사람의 눈으로 지켜보고 소통해주고, 같이 아파해주고 공감해야 한다. 그리고 내가 알고 있는 것을 최대한 공유하면서 끌어주어야 한다. 적어도 직원들에게 리더가 최선을 다해 자신과 교감하고 도와주기 위해 애쓴다는 것을 느끼게 해줘야 한다.

투명한 소통이란 회사의 전략을 공유하는 것과는 다른 의미다. 회사의 전략은 1부터 3차까지 임원, 팀장, 전 직원이 공유해야 하는 범위가 다르게 적용될 수 있다. 이 모든 걸 룰도 없이 공유해야 한다는 의미가 아니다. 전략이란 말 그대로 회사가 앞으로 나아가는 방향이며 방법이다. 직원들이 이 전략을 몰라서 불안해하고, 회사에서 소중한 사람이 아니라고 느껴지는 게 아니다. 그리고 이것 때문에 회사가 자신과 소통하지 않는다고 생각하는 것도 아니다.

직원들이 불안해하고 저마다 불공정한 대우를 받는다고 느끼는 이유는, 리더가 팩트를 투명하게 공유하고 소통하지 않기 때문이다. 예를 들어 A라는 팩트가 있다고 하자. 리더가 어떤 사원에게는 이것을 A+라고 이야기하고, 어떤 사원에게는 A−라고 이야기할 수 있다.

팩트는 A이기 때문에 틀린 것은 아니다. +냐 -냐는 리더의 선택일 뿐이니까. 하지만 어떤 사람은 자신이 좋아하기 때문에 A+라고 말하고, 어떤 사람은 매사에 별로 열정적이지 않고 마음에 안 든다는 이유로 A-라고 이야기한다면 어떻게 되겠는가. 이것이 불투명한 소통이며, 나쁜 소통인 것이다.

전략과 소통은 나누어서 생각해야 한다. 회사의 모든 직원이 함께 공유해야 하는 팩트는 그게 누가 되었든 동일하게 느낄 수 있어야 한다. 그들은 동일한 메시지를 전달받을 권리가 있다. 여기에서 개인적인 관계, 사심이 개입되면 문제가 발생한다. 리더에게 호불호는 있을 수 있지만, 그럼에도 리더는 그렇게 해야 한다. 소통을 할 때에는 가장 먼저 자신에게 엄격하고, 그 다음 상대에게 엄격해야 한다. 그러면 투명하지 않을 수 없다. 사심을 걷어내면 모든 것이 투명해진다.

여기는 원 웨이(One Way)가 아닌데

객관적이고 엄격하면서도 비정하지 않은 소통과 상반되는 것은 바로 불투명한 소통이라고 했다. 그리고 나쁜 소통에는 일방적인 소통이 하나 더 추가될 수 있다.

보통 회사에서 새로운 직급(주로 승진)을 갖게 되면 매우 열정이 샘솟는다. 또 새로운 프로젝트를 맡게 되면 마음속에 야심이 찬다.

좋은 현상이다. '더 잘해봐야지! 뭔가 보여줘야지!' 그러면서 그는 혼자 생각에 잠기기 시작한다. 이건 이렇게, 저건 저렇게…… 하면서 그림을 그리기 시작한다. 리서치도 하고, 혼자 열심히 준비한 다음 전임자와 관련 업무를 했던 부서원들 앞에서 발표를 하는 것이다. 그런데 듣는 사람들의 표정이 좋지 않다. 그들의 머릿속은 이런 생각으로 가득 차 있는 것이다.

'아니, 저 사람 뭐지? 무슨 소리를 하는 거지? 우리 의견은 묻지 않고 혼자만의 생각에 갇혀 있네?'

새로운 일을 맡고 준비를 하면서, 그는 누구와도 소통하지 않았던 것이다. 전임자는 왜 그렇게 해왔는지, 관련된 협력부서들은 왜 그렇게 해왔는지, 어떤 문제가 있었는지, 어떻게 해결해왔는지…… 함께 일을 해나가야 할 사람들과 전혀 소통하지 않고 의견을 말할 기회조차 주지 않고 사전에 혼자서 모든 일을 준비한 것이다. 혼자만의 생각, 혼자만의 고민, 혼자만의 결과들을. 만약 관련된 사람들과 소통하면서 말할 기회를 주고, 그들의 말에 귀를 기울였다면 현실적인 대안뿐 아니라 새로운 아이디어들이 나왔을지 모른다. 거기에는 충분히 개인적인 고민과 솔루션이 개입되어도 된다. 하지만 소통이 바탕이 되지 않은 상태에서 말 그대로 혼자 '북 치고 장구 치고' 했으니 현실과는 전혀 관련이 없는 결과들만 나온 것이다. 소통 없이 나 혼자 잘났다는 자세로 하는 일에는 반드시 역소통의 부메랑이 나한테 돌아오게 될 것이다. 회사는 일방통행이 아니다. 그것은 최고의 자리에 있는 리더조차도 마찬가지다. 리더는 높은 자리에 오를수록 더더욱 귀를 열고 이야기를 들어야 한다. 그게 좋은 소통의 기본이다.

까라면 까라? 싫은데?

회사가 아주 잘나가고 위기가 없을 때에는 아무 문제가 없지만 불확실하고 어려운 상황 속에서는 여러 가지 문제가 속속 드러난다. 정말 리더십이 발휘될 때에는 바로 회사가 어려울 때이다. 리더가 직원들의 마음을 공감해줄 것이냐, 아니냐. 아무리 리더가 "저리로 가자!"고 해도 직원들은 그런 상황 속에서는 늘 불안감을 느낀다. 그런 두려움을 공감해주지 않은 상태에서 무조건 "까라면 까라."는 식의 소통은 통하지 않는다. 아무리 리더가 확신하는 척을 해도, 모든 사람이 너 나 할 것 없이 불안한 상황이라는 것은 누구나 잘 알고 있다. 그런데 직원들과 소통도 하지 않고, 자신의 생각이 무엇인지 공유도 하지 않은 상태에서 그냥 "이리로 가자!"라고 한다고 누가 따라줄 수 있을까. 리더의 그런 모습은 직원들에게 '에라 모르겠다, 그냥 이렇게 해보지 뭐.' 하는 식으로 비춰진다는 것을 아는지.

"난 여러분들이 두려워하고 있다는 걸 잘 알고 있다. 나도 마찬가지다. 하지만 두렵다고 아무도 그 길을 가지 않는다면 그 길은 미지의 것이 되고 만다. 아무도 가보지 않았지만, 그 여정 속에 어떤 성공이 기다리고 있을지, 어떤 기회가 있을지 아무도 모르지 않은가. 나 역시 불안하지만 열정적으로 나아갈 것이다. 지금까지 어려움 속에서도 씩씩하게 잘 왔고, 앞으로도 우리에게 주어질 기회를 기다리며 나아갈 것이다. 나를 믿고 따라오고, 어려움이 있다면 함께 그 안에서 극복할 수 있는 방법을 찾아가자. 여러분이 함께 간다면, 가능할 것이다."

공감이 베이스가 안 되면 직원들의 불안감은 증폭되고 점점 외로움을 느낀다. 나는 회사에서 케어 받지 못하는 사람이구나, 아무도 나를 거들떠보지 않는구나, 하고 느끼게 된다. '그래 그렇지, 회사는 경영진들이 중요하지 뭐.' 하고 생각하게 만드는 순간 회사의 비전은 직원들과 멀어지고 하나가 되지 못한다.

좋은 소통은 나의 단점을 보완하고 최상의 결과를 이끌어낸다

덜렁이 부적응자로 소문나 있던 내가 국제조세를 시작한 지 얼마 되지 않아 처음으로 글로벌 프로젝트를 맡았을 때의 일이다. 전 세계 사람들이 함께 회의를 하니 시간은 새벽 1시가 기본. 아시아인, 그중에서도 한국인이 이런 회의를 주도하는 것은 처음이었기 때문에 모두가 의아해했다. 검증된 적이 없으니 불안하기도 하고 또 걱정도 되는 것이다. 그때 사람들이 나를 쳐다보던 눈빛을 아직도 잊을 수 없다. 마치 팔짱을 끼고 "어디 한번 해봐라." 하듯, 그들은 한국의 꼬마 제임스에게 집중하고 있었다.

다행이었던 것은, 그때 나는 잘못된 소통이 어떤 것인지 잘 알고 있었다는 사실이다. 난 결코 나 혼자 이 발표를 준비하지 않을 것이며, 스티븐이 보여주었던 대로 모든 사람들이 만족할 만한 결과를 이끌어내려면 어떻게 해야 하는지 알고 준비했다.

내 생각 속에 갇혀선 안 된다는 걸 누구보다 잘 알기에, 처음 손을 들고 이 회의를 맡은 후부터는 미국, 유럽 등 전 세계의 업무담당자들에게 도움을 요청했다. 이름만 몇 번 봤는데, 자기에게 인비테이션 메일을 보내 "너로부터 멘토링을 받고 싶다." 혹은 "네가 갖고 있는 소중한 기존 경험을 통해 자문을 받고 싶다."고 하니 내 걱정과는 달리 의외로 모두 흔쾌히 승낙해주었다(그들의 이런 열린 마음은 내게 또 한 번 가르침을 주었다). 그리고 나는 그들과 소통하기 시작했다. 하다못해 회의의 기본 포맷이 어떻게 되는지, 어떻게 시작을 하는지, 어떤 순서로 하는지, 어떤 의견들을 받아야 하는지, 어떻게 회의를 이끌어가고 어떻게 회의록을 작성하고, 역할분담은 어떻게 해야 하는지…… 하나하나 물어보고 배우고 습득했다. 모르니 물어보는 것이 당연한 거고, 한국의 작은 제임스가 이토록 열정적으로 하려고 하니 그들도 못 도와줄 이유가 없었다.

한 사람이 아니라 여러 사람들과 함께 소통하니 많은 정보들이 하나로 응집이 되었다. 시작부터 나는 다르게 접근하려고 노력했다. 혼자 고민하고 머리를 싸매는 것이 아니라 충분히 검증된 사람들로부터 이미 경험한 정답에 가까운 체계와 플랜을 갖추게 된 셈이다.

모두가 숨죽인 조용한 분위기. "어디 한번 해봐라." 하는 눈으로 쳐다보는 사람들. 나는 정적을 깨고 소통을 통해 터득한 것들을 시작부터 하나하나 내어놓기 시작했다. 그리고 착착착, 모든 일을 매끄럽게 진행시켜나가니 다들 안심하고 회의에 집중하는 모습이었다. 그리고 회의가 끝난 후. 나는 회의에 참여한 사람들로부터 개인적인 피드백을 받기 시작했다. "너의 체계적이고 전략적인 접근이 놀라웠다." "소통을 하는 방식이 굉장히 귀감이 되었다." "처음이라고 믿기지 않을 만큼 능숙했다." "기대했던 것 이상이다." 등. 지금껏 들어보지 못한 칭찬과 좋은 평가들이 이메일과 전화를 통해 쏟아졌다. 그리고 곧 사람들 사이에서 "한국에 제임스라는 친구가 있는데, 글로벌 프로젝트를 시작한 주니어인데 소통도 잘하고, 아주 가능성 있어 보이더라." 하는 이야기가 돌았다.

사실 내가 한 것은 별로 없으며 누구나 할 수 있는 것이었다. 프로세스, 포맷, 소통하는 법…… 모두 나와 함께해준 사람들로부터 배운 것이다. 하지만 나 혼자 하면 못한다. 시작할 때부터 역할분담을 분명히 했고, 그들이 무엇을 어떻게 해야 하는지도 상세하게 공유했다. 그동안 이런 회의를 리드하는 것을 두려워했던 것은, 대부분 모든 걸 자신이 혼자 감당해야 한다고 생각했기 때문이다. '내가 이걸 다 어떻게 하지?' '문제에 대한 책임을 어떻게 지지?' 내가 혼자 다 해야 한다고 생각하니 부담스러울 수밖에. 하지만 나는 소통을 통해 협력구조를 만들고, 정말 자연스럽게 서로 역할의 분담을 맡은 분위기로 리드만 해나갔다. 그러니 어렵지가 않았다. 자신이 맡은 것을 가장 잘 해낼 수 있는 사람들이 그 역할을 맡았는데 내가 걱정할 게 없지 않은가. 거기에 대한 피드백을 주면서 나아가니 모든 게 수월했다. 내가 한 것은 결국 미리 준비한 소통과 공유한 소통밖에 없었다.

좋은 소통이란 그런 것이다. 좋은 소통의 기본은 일단 '소통을 하는 것'이며(대부분이 소통을 하지 않기 때문에) 따라서 소통을 하지 않는 것 자체는 나쁜 소통이나 다름없다. 그리고 일단 소통을 시작하고, 함께 같은 비전을 공유한 사람들과 이야기를 나누다 보면 정확하게 문제를 집어내고 풀어나갈 수 있다. 소통의 가장 좋은 점은 나의 단점을 보완할 수 있다는 것이다. 그리고 항상 최선의 결과를 이끌어낸다. 묻지 않으면 대답하지 않는다. 내가 먼저 묻고, 대답을 끌어내면 그들도 내게 물어올 것이고, 나는 거기에 대해 대답하면 된다. 그게 소통이다. 지금 우리 앞에 어떤 문제가 있는지, 어떤 어려움이 있는지 묻고 답하며 함께 솔루션을 찾아나가는 것. 그리고 리더에게 있어 그 소통의 가장 좋은 방법은 들어주는 것이다. 앞에도 말했지만 그 '듣는 것'에는 엄청난 인내가 요구되지만, 그 인내의 결과는 정말 달다.

나는 앞서 가고, 너는 뒤서 갈 뿐
어차피 같은 사막 위에 있다

"사과 속에 있는 씨앗은 누구나 셀 수 있지만,
씨앗 속의 사과는 아무도 셀 수 없습니다."
– 《비울수록 가득하네, 정목》 중에서

얼마 전에 HP사회공원위원회 친구들과 새벽 2시까지 술을 마셨다. 최근 입사한 사원들 중 운영위원이 된 친구들인데, 한 8명 정도가 번개로 만나 술을 마시게 되었다. 이런저런 이야기를 나누던 중 부끄럽지만 이번에 책을 내게 되어서 그동안 모아놓은 일기장과 살아온 이야기들을 정리해보고 있는 중이라고 말했더니, 다들 좀 의아한 눈치였다. 나에게 어떤 사연이 있을까, 하는 것이다. 그래서 내가 책 속에 이런 내용들을 담고 싶고, 그게 요즘 젊은 사람들에게 조금이라도 힘이 되었으면 좋겠다고 얘기를 쭉 늘어놓았더니 잠시 모두 말이 없었다. 그러다 한 직원이 말했다.

"아니, 대표님! 금수저 아니셨어요?"

내가 고물상 아들 출신이란 것과, 회사에 들어온 5년 동안 저성과자에 나머지 5년 동안 얼마나 고군분투했는지, 이런저런 이야기를 들려주니 다들 그냥 놀라는 게 아니라 충격을 받은 듯했다. 보통 이사급만 되어도 자신이 얼마나 대단한지를 이야기하기에 바쁘다. 실패한 이야기보다는 잘한 것, 잘못한 이야기보다는 그럴 듯한 얘기들만 늘어놓으니 다들 "대단하다!"는 리액션을 취하는 게 당연하다. 그런데 나는 오히려 정반대의 이야기만 하면서 "내가 너희들을 통해 얼마나 많이 배우는지 모른다."고 이야기하니, 놀라움을 넘어 충격을 받은 것이다. 초특급 승진에, 최초라는 타이틀만 해도 몇 개, 한국에서는 상상도 해보지 못한 일들을 내가 해내고 있다는 사실만 보는 사람들은, 나에 대해 시기하고 질투하며 안 좋게 이야기하는 경우도 많을 것이다. 그런 소리가 들려올 때마다 난 웃으며 이야기한다. 나와 부딪혀보고 나를 알게 된다면 그런 소린 안 할 거야, 라고. 그래서 이 책이 내겐 큰 의미가 있다. 또 다른 소통의 창구가 되어줄 것이라 믿기 때문에.

후배들을 보면서 늘 그런 생각을 한다.
'꿈을 이루면 왜 행복할까.' 그러면 동시에 이런 생각들이 떠오른다. 내가 꿈을 이루면 나만큼 기뻐해줄 사람이 주변에 있을까? 내가 꿈을 이루면 그걸 공유할 거라는 믿음을 가진 사람들이 있을까? 그런 사람들이 없다면 꿈을 이루어도 행복하지 않을 것이고 의미가 없다는 생각을 한다. 꿈을 이룬다는 건 나 혼자만 산꼭대기에 올라간다는 의미가 아니기 때문이다. 우리는 모두 하나의 세상 속에서 살아간다. 나는 그것을 커다란 사막으로 표현하고 싶은데, 그렇게 보면 모두가 그 사막 위를 함께 걷고 있다. 산꼭대기에 나 혼자 올라가 '야호'를 외치며 나의 성공을 기리는 건 그 기쁨이 크지 않다. 물론 그 성공이 위대하지 않다는 게 아니라, 행복감이 낮다는 뜻이다. 사막에서는 성공과 실패의 여부가 크게 나뉘지 않는다. 그저 내가 조금 앞서고, 네가 조금 뒤에 가며 그 자리가 바뀔 뿐이다. 앞에 가고 있는 사람은 뒷사람을 끌어주고, 뒷사람은 앞사람을 밀어준다.

꿈을 이룬다는 건 함께 기뻐해줄 사람들이 있을 때에 더욱 의미가 있다. 꿈을 이루었을 때 그 가치를 나 혼자만 갖는 것이 아니라, 또 다른 사람들에게 전파될 거라는 믿음을 갖고 기다리는 사람들이 있다면. 그들은 자기 일만큼 내 꿈이 이루어진 것을 기뻐해주고, 기다리고, 응원할 것이다. 내가 꿈을 이루어야 할 더욱 명확한 이유들이 생겨난다. 그리고 그 생각을 할 때 더욱 힘이 샘솟는다.

나는 그저 소통하고, 책임지는 사람일 뿐

나이가 들고 직급이 올라가면 새롭게 시작하는 것에 대한 두려움이 더욱 커진다. 비교적 내가 그런 두려움을 덜 느끼는 것은, 직원들에 대한 믿음이 있어서다. 내 바로 밑에는 내가 아주 좋아하는 직원들이 있다. 그들 역시 정통 세무를 배우지 않았지만, 나와 같은 절망 속에서도 목표를 붙잡고 자신을 믿으며 국제조세에 대한 꿈을 키워가고 있다. 그들 중에는 다른 부서에서 일하고 있다가 내 제안으로 세무 부서에 오게 된 경우도 있고, 이제 막 세무를 배우기 시작한 사람들도 있다. 그들에게 공통점이 있다면, 대부분 밝고 긍정적이라는 사실이다.

이 친구들이 일반적인 세무사나 회계사처럼 세무를 전공한 사람들이 아니다 보니, 일반적인 눈으로 보면 전문가가 아니어서 일을 못한다고 생각이 들 수도 있다. 하지만 내가 봤을 때는 일반적인 세무 전문가보다 훨씬 일을 잘한다. 국제조세에 대해서도 그렇다. 나는 그들에 대해 100%의 신뢰감을 가지고 있다. 다들 어려워 보인다고 걱정할 때에도 주저 없이 판을 깔고 밀어붙일 수 있는 것도 다 그들 때문이다. 문제가 생기면 무조건 내가 책임을 진다는 전제 하에, 나는 그들에게 이야기한다. "한번 해보라!"고. 그게 내 진심이다. 문제가 생기면 어떻게 해결해야 하는지, 난 그걸 이미 알고 있기 때문에 두렵지 않다.

문제를 해결하는 방법 역시 소통의 기술이다. 예를 들어, A와 B가 있다고 하자. A는 100의 결과치, B는 70의 결과치를 만들어냈다. 당연히 A가 훨씬 잘한 것이니 그에 대한 평가를 받으면 된다. 영업성과라면 이게 일반적이다. 하지만 나는 반드시 그 과정을 살펴본다. 아무리 100의 성과를 내었어도 소통을 하지 않으면 '잘했구나.'에 그친다. 하지만 70의 성과를 낸 B의 과정을 내가 다 안다고 치자. 굉장히 어려운 과정이었지만 70을 이끌어낸 것이구나, 정말 고생했다. Excellent! 완전 잘했어, 가 될 수 있다. 그래서 나는 소통은 성공을 이끌어내는 잣대를 만들어내는 도구이고, 가장 소중한 전략이라고 생각한다. 그래서 직원들에게도 일을 잘 해내는 게 70이라면, 나머지 30은 소통의 점수라고 이야기한다. 일을 아무리 잘해도 소통을 못하면 좋은 평가를 못 받는다는 얘기다.

그래서 직원들이 좀 잘못하거나 실수를 해도 내가 중간에서 소통을 잘한다면 아무 문제없이 진행이 될 수 있다는 걸 믿는다. 보통 문제가 생기면 난 그 당사자에게 어떤 잘못을 했는지 팩트를 이야기하고, 먼저 그 잘못에 대해 인정하라고 가르친다. 하지만 거기서 끝이 아니라 실수가 있는 부분의 문제가 무엇이며 이를 보완하기 위해서는 어떤 대안이 필요한지, 그리고 그걸 어떻게 진행할 것인지 이야기하라고 한다. 그가 찾아온 대안에 대해서는 내가 확실하게 밀어주고 책임져줄 수 있으니 할 수 있는 만큼 해보라고 하는 것이다. 직원들은 이런 나의 스타일을 알기 때문에 실수를 하거나 문제가 생기면 절대 숨기거나 대충 넘어가려 하지 않고, 나에게 가지고 온다. 그때에는 반드시 자신이 무엇을 잘못했는지를 정확히 파악하고, 대안을 찾아서 온다. 그러니 문제는 문제가 아닌 게 되고, 때로는 그 문제를 해결하는 과정에서 더 좋은 아이디어가 나오기도 한다.

나와 함께할 사람들을 뽑을 때 오픈마인드와 상대를 배려하는 마음을 가장 중요하게 생각하고 먼저 보는 것도 이 때문이다. 오픈 마인드를 가진 사람은 항상 배우려는 자세로 임하고, 배려하는 사람, 폐쇄적이지 않은 사람은 다른 사람과 소통하고 함께하려는 자세가 되어 있다. 그런 사람들은 어떤 절망의 순간이 와도 헤쳐 나올 수 있다. 내가 그 경험을 가장 많이 한 사람이기에 누구보다 자신 있게 이야기할 수 있다.

보고 있어도 보고 싶은

새로운 사람들을 만나는 일이 늘 두려운 건 사실이지만, 그만큼 설레기도 한 것은 좋은 사람이 너무나 많기 때문이다. 한 사람 한 사람 얼굴을 볼 때마다 어쩜 저렇게 귀한 사람이 있을까, 감탄하고 배우게 되고 행복해진다.

국제조세 팀에는 내가 아끼는 후배들이 있는데, 그 친구들을 보고 있으면 항상 흐뭇한 웃음이 지어진다. 그 직원들도 처음엔 다른 일을 하다가 세무팀에 오게 됐다. 기본적으로 세무 전문가는 아닌 셈이다.

심성이 워낙 따뜻하고 긍정적이다 보니 처음 하는 일에 좀 서툴러도 그가 얼마나 열정적으로, 또 열심히 도전하고 있는지가 훤히 들여다보였다. 사실, 모든 게 처음 해보는 일이나 마찬가지인데 얼마나 어렵고 막막하겠는가. 나도 아시아태평양지역 조세재정총괄본부장 겸 대표이사라는 이름표를 달고 해나가는 모든 일이 처음이라, 모든 걸 새로 만들어나가야 하는데 그런 나를 서포트하는 일을 하다 보니 자신도 덩달아 새로운 일에 트레이닝이 되는 것이다. 그럼에도 항상 긍정적으로, 열정적으로 하는 모습을 보면서 가슴이 벅차올랐다.

이제 그 친구는 전문가가 되었다. 이제는 내 검토가 필요 없을 정도로, 짧은 시간에 국내를 넘어 외국에 관련된 분야에까지 전문가가 된 것이다. 얼떨결에 기회를 얻긴 했지만, 그 친구는 절대 그 기회를 놓치지 않았고 불평하지 않았다. 초반에는 무척 힘들었을 것이다. 내 스타일 때문에. 난 일이 생기면 일단 전권을 주고 기다린다. 그러고는 "문제가 생기면 내가 해결할게. 일단 알아서 해봐. 난 너를 믿는다." 하고 말한다. 그러니 얼마나 어깨가 무겁고 힘들겠는가. 처음엔 당연히 실수를 한다. 그러면 같이 앉아서 차근차근 파헤치며 수정을 해나간다. 그게 한두 번 연습이 되면 그 친구 입장에서는 자신이 결정하고 판단해야 하는 일들 앞에 판단력이 커지고, 단련이 되어간다. 국제조세 업무의 가장 어려운 것이 판단과 결정의 문제이므로, 이 부분에 훈련이 된다는 건 굉장히 많은 능력을 갖게 되는 것이나 다름없다.

　직급에도 맞지 않는 임무를 주고 다 알아서 하라고 하니, 처음엔 이 상사가 얼마나 미웠겠는가. 하지만 그걸 꿋꿋하게 해나가다 보니, 판단력, 분석력, 창의력…… 모든 면이 갖추어지기 시작한다. 글로벌적인 일을 맡아서 하다 보니 다양성도 생긴다. 이제 거의 나의 아바타라고 할 만큼 수준이 높아졌고, 뒤에 바짝 따라붙었다. 처음 그 친구를 보았을 때 다른 부서 사람이긴 했지만 따뜻한 심성을 가졌다는 걸 계속 지켜보면서 알았다. 새로운 것에 도전할 수 있는 마인드가 바탕이 되어 있다는 것도, 이제는 안다. 그래서 그는 날마다 내게 보고 있어도 보고 싶은, 귀한 사람이 되었다.

　일은 가르치면 된다. 얼마나 시간이 걸리느냐의 문제다. 중요한 건 긍정적이고 오픈된 마인드다. 업무능력은 후천적으로 키워지는 것이지만 긍정적인 마음은 그렇지 않다. 똑같은 일을 두 번째 할 때, 세 번째 할 때, 네 번째 할 때는 조금 더 잘하게 되고 실수는 줄어든다. 그래서 머리가 좋고 뛰어난 자질을 가지고 있다면 어느 정도까지 올라갈 수는 있다. 하지만 딱 거기까지다. 긍정적인 마인드와 도전정신, 남을 배려하는 마음이 바탕이 되지 않는다면 반드시 한계가 온다. 축구에서 개인기를 이야기했듯, 혼자만 행복하다. 선수 한 명이 개인기를 잘한다고 그 팀이 언제나 좋은 성과를 낼 수 있는 건 아니다. 특히 조직에선 나 혼자만 잘났다고 생각하고 내 능력, 내 실력만 믿고 나아가다가는, 그 사람에게 흠집을 내려는 사람들로부터 내몰려 결국 좌초되고 만다.

나는 지금도 여전히 수많은 친구들과 함께 뜨거운 사막 위에 있다. 바람은 시간에 맞추지도 않은 채 불어오고, 때로는 그 바람으로 길이 바뀌기도 한다. 하지만 그 길 위에 있는 우리는 모두 함께여서 길을 잃지 않을 것이다. 리더란 반드시 맨 앞에 서서 가는 사람도 아니고, 그 사막에 대해 가장 많이 알고 있는 사람도 아니며, 그중에서 가장 잘난 사람도 아니다. 리더란 우리가 모두 함께, 같은 사막 위를 걷고 있다는 걸 계속해서 공유하고 소통하는 사람이다. 넘어진 사람을 일으키고, 언젠가 길을 찾을 거라는 희망을 심어주고, 문제가 생기면 책임질 수 있다는 안정감을 상기시켜주는 사람이다. 그게 바로 내가 생각하는, 리더다.

일은 배우면 된다. 개인마다 약간의 시간차만 있을 뿐이다.

중요한 건 긍정적인 마인드다.

결국은 그것이 승패를 가른다.

높이 올라갈수록
'듣기'가 힘들다

> "죽음의 현실감이란 놈도 내 앞에서는 게으름을 피우는 게 버릇이 됐어.
> 내 쪽에서 맞이하러 가지 않으면 그쪽에서 찾아오지는 않아."
> – 《마티네의 끝에서, 히라노 게이치로》 중에서

누차 강조해서 말하지만, 리더십에서 가장 중요한 것은 바로 '리스닝(Listening)'이다. 직급이 올라갈수록, 아는 게 많을수록, 경험이 많을수록 하고 싶은 말이 너무나 많다. 하지만 리스닝은 모든 상황에서 매우 중요한 덕목이 된다. 보통 직원들이 실수를 저지르거나 진행하던 일에 문제가 생겼을 때 리더들은 어떻게 하는가? 자신들의 생각을 이야기하기에 바쁘지만, 난 리스닝은 실수가 벌어졌을 때의 대처법으로 필요하다고 생각한다.

실수를 한 사람은 일단 죄인 모드가 된다. 그리고 무슨 말이든 제대로 하지 못하고 주저하고 머뭇거린다. 그럴 때 리더는 자기 말을 하기 시작한다. "나 때는 이랬어. 나는 이렇게 했지. 그런데 너는 왜 이렇게밖에 못 해……. 내 생각에 이건 이렇고, 저건 저런 것 같으니까 이렇게 해." 과연 이게 맞는 걸까? 진지하게 생각해봐야 할 문제다. 뭘 잘못했다고 말하긴 하는데, 정작 리더는 그 잘못에 대해 진지하게 혹은 깊이 있게 듣지 않는다. 시간이 없으니 그 과정을 들여다봤을 리 없고 파헤칠 생각도 없다. 하지만 실무자는 다르다. 실수를 한 당사자는 이미 자신이 무엇을 잘못했는지, 어떤 부분에 문제가 있는지, 그래서 어떻게 해야 하는지 알고 있고 충분히 생각하고 있다. 그런 그에게 리더가 던져야 할 말은 단 하나다.

"그래서 네 생각은 뭐야?"

하지만 내가 설명을 하기 시작하면 그 대처법을 일일이 다 말해야 하고, 거기에 대한 부연설명까지 덧붙여야 한다. 바쁘면 그걸 다 못하게 되고 반쯤 전달한 상태가 될 때도 있을 테고, 내 입장에선 구구절절 전달했다고 생각했는데 직원들이 그걸 반밖에 못 알아들었을 수도 있다. 그러면 또 진행이 안 된다. 실수는 반복되고 직원들은 더 중한 죄를 지은 사람들이 되어버리고 만다.

실수를 했어도 스스로 인정하고 능동적으로 대처하게 만드는 방법은 그들에게 리더가 명확하게 말하는 것이다.

"모든 책임은 내가 진다."

절대 그들에게 책임을 묻지 마라. 그러면 출구를 찾을 수 없는 동굴 속으로 들어가버리고 만다. 위축된다는 것은 그런 것이다. 내 경우가 그랬다. 저성과자로 몰락했던 이유가 한 번 실수를 하고 동일한 실수를 반복하니 매니저가 나를 믿어주지 않고, 실수를 극복해보겠다는 내 말도 들어주지 않았기 때문이다.

실수를 했을 때는 명확히 이야기를 해라.

"네가 이번에 실수를 한 건 괜찮아. 네가 그걸 극복할 만한 대안 또한 생각해내리라 믿기 때문이야. 앞으로 실수가 있을 때는 투명하게 그 부분을 이야기하고, 그에 대한 대안까지 우선 만들어서 가지고 와. 그러면 그 실수를 묻지 않고, 잘못에 대한 책임은 내가 질 테니까."

이런 방법의 결과는 매우 놀랍다. 지속적으로 리더가 이렇게 하면, 직원들은 어떤 문제가 와도 숨기지 않고 대처 방안까지 스스로 만들어서 가지고 온다. 만약 이렇게 하지 않고 "너 또 실수했어? 그럴 줄 알았다!" 하고 나오면, 그때부터 그 사람은 저성과자의 길로 들어서게 된다. 이 작은 차이가 얼마나 큰 결과를 보이는가. 생각만 해도 아찔하다.

It's my fault

앞에도 말했듯 난 일단 문제가 터지면 항상 모든 책임은 내가 지겠다는 생각을 가지고 살아간다. 책임 전가에 대한 생각은 내 머릿속에 없다. 나의 직원 또한 그런 소릴 하면 용서하지 않는다. 문제라는 것은 그 핵심과 과정을 파악하고, 추후에 같은 일이 발생하지 않도록 프로세스를 정립하는 것이 중요하다고 생각하기 때문이다. 그래서 나는 문제가 터졌을 때 그 책임을 누군가에게 돌릴 생각을 하는 시간에 '대안 플랜'을 만들라고 말한다. 그러면 동시에 내 머릿속에는 그런 생각들이 든다.

'아, 좋은 기회다. 내가 잘못했든 직원이 잘못했든, 이 문제는 우리의 단순한 실수로 인한 것일 수도 있고, 원래부터 내재된 불합리성 때문일 수도 있다. 그러니 이것을 기회로 삼자.'

전자라면 나는 곧바로 보고를 한다. "It's my fault." 모든 게 내 잘못이라고. 내가 좀 더 잘했다면 달라질 수 있다고. 단순한 실수는 'Human Error', 대부분이 그것이다. 하지만 불합리성 때문에 불거진 거라면 그건 바로 기회가 된다. '이번에 제대로 프로세스를 만들든, 보완할 점을 찾아 개선을 하든, 완전히 문제를 뒤엎든.' 해보자며 직원들에게 숙제를 내준다.

내가 이런 마인드라는 걸 알기 때문에 다들 문제가 생기면 떨지 않고 가장 먼저 '실수인가 기회인가'를 생각해보기 위해 노력한다. 그리고 명확하게 나에게 말한다.

"이런 점 때문에 이런 문제가 생겼습니다. 우린 어떤 점들을 개선하고 보완해서 가려고 합니다. 여기에는 어떠어떠한 지원이 필요합니다."

체계적인 프로세스를 정립하는 데 내 도움이 필요하다고 말한다. 그러면 나는 그 부분에 관련이 있는 모든 사람들을 모아 도움을 요청하고 가이드를 줘서 고쳐나간다. 이런 일은 대부분 외부의 문제일 경우가 많다. 팀 내부적인 문제는 거의 일어나지 않는다. 워낙 팀장과 관리자들이 실무자들과 함께 서로 유기적으로 잘 돌봐주고 소통하기 때문이다. 세무팀은 다른 부서에 비해 잡음 없이 조화가 잘 되고 자체적으로 해결되는 경우가 많다.

이렇게 리더가 중심을 잡고, 책임 전가가 아닌 문제를 기회로 잡으려는 자세가 되어 있으면 그 밑에 있는 직원들도 그걸 보고 그대로 배운다. 이제 내가 하고 싶은 말을 조금 줄이고, "대체 왜 이렇게 됐어!"가 아닌 "그래서 네 생각은 뭐야?"라고 물어라. "책임은 모두 내가 질 테니, 가장 좋은 방법을 이야기해봐."라고 할 수 있다면 더할 나위 없겠다.

리더의 리스닝은 그냥 듣는 게 아니다

리더의 리스닝이라는 것은 '그저' 귀로 듣는다는 의미가 아니다. '믿고' 들어준다는 전제가 들어가야 한다. '내가 너를 신뢰하기 때문에 듣는다.'는 신뢰의 믿음이 기본적으로 공유되어 있어야 한다는 뜻이다. 우리가 리더십에 있어 '리스닝'이라고 하면 상대방의 말에 경청하거나 내 입에 지퍼를 채우고 듣기만 하는 걸 생각할 수 있지만 그게 아니다.

그리고 믿음에 근거한 리스닝은 전염병과 같아서, 내가 들어주는 걸 본 사람은 또 다른 사람의 이야기를 들어주게 된다. 역시 믿음에 바탕을 두고 말이다. 난 직원들과 행사나 회의, 중요한 일이 있을 때마다 그 일이 끝난 후 1분 스피치를 시킨다. 목적은 두 가지다. 첫째, 리스닝 훈련을 위해, 둘째, 다양성을 보여주기 위해서. 1분 스피치를 하면 돌아가면서 다른 사람들의 이야기를 들을 수밖에 없다. 10명 20명만 되어도 엄청난 시간이 소요되기 때문에, 모두가 인내심을 갖고 다른 사람의 말을 들어야만 해서 훈련효과는 아주 크다. 또한 어떤 사람은 발표를 잘하고, 어떤 사람은 발표를 못하고, 누군가는 표현을 잘하기도 하고, 누군가는 매우 서툴다. 또한 각기 다른 생각들을 가지고 다르게 표현한다. 나는 그들이 서로서로 다른 모습들을 충분히 보고 이해하기를 바란다. 다양성에 대해서 자꾸만 받아들이고, 표현하는 방법을 배워가기를 바란다.

같은 행사를 하고, 같은 주제에 대해 이야기를 해도 1분 스피치를 하면 매우 다양한 얘기들이 나온다. '어떻게 똑같은 걸 보고도 이렇게 다르게 느낄까.' 나조차도 깜짝 놀랄 때가 있다. 리더가 이걸 한다는 건 대단한 인내력이 요구된다. 시간도 없는데 다양한 의견을 왜 듣고 앉아 있어야 하냐고 이해하지 못하는 사람도 있다. 그때 스스로에게 엄격해져라. 그들의 말을 끝까지 들을 수 있도록 나 스스로를 제한하고 인내해야 한다. 그러면 이 '리스닝'의 문화는 전염병처럼 퍼져 나간다. 나중에는 내가 없어도 자기 팀으로 돌아간 친구들이 무엇을 하든 1분 스피치를 하기 시작한다.

HP사회공헌위원회에서는 이제 무엇을 하든 1분 스피치를 하는데, 서로 이런 생각의 차이가 있구나, 하는 것을 알 수 있는 좋은 시간이 된다. 그리고 그 결과에 대해서는 노터치. 다양성을 표출하는 방법을 보기 위함이지 옳고 그름을 판단하기 위한 시간이 아니기 때문이다. 말이 나와서 말인데, 리더의 중요한 덕목 중 하나는 바로 '다양성'을 존중하는 것이다. 내가 좋아하는 책 《인생의 발견》에 보면 그런 말이 나온다.

"자유는 단지 권리가 아니라 획득해야 할 기술이다. 나만의 렌즈가 아니라 다양한 렌즈를 통해 세상을 보는 기술이자 아무도 상상한 적 없는 무언가를 상상해서 아름다움이나 의미나 영감을 찾는 기술이다. 각자의 삶은 이런 자유에 관한 우화다."

다양성을 존중하지 않는 것은 그들의 자유를 해치는 것과 다름없다. 그리고 다양성을 존중하기 위해서는 자신에 대한 엄격함이 필요하다. 세상에는 성소수자, 장애우 등 생각, 문화, 모습이 다른 많은 사람들이 함께 살아가고 있다. 그들 모두에 대해 반드시 인정할 수 있는 자신에 대한 엄격함과 인내가 있어야 한다. 이게 잘 안 되어 있는 사람이 대부분이어서 나는 그런 사람들에게 봉사를 권하고 있다.

  나는 1년에 한 번씩 전 직원들과 함께 경기도 광주에 소재한 초록우산어린이재단 한사랑마을 장애영유아원에 가서 봉사활동을 하는데, 거기에 가보면 장애영유아들뿐만 아니라 20대의 성인인데도 심한 장애로 인해 갈 곳이 없어서 그곳에 와서 휠체어를 타고 다니거나 그냥 누워만 있는 사람들이 많이 있다. 지적장애가 있거나 몸이 불편한 사람이 대부분이고, 버려진 사람들 등 아주 다양한 친구들이 있다. 그들은 우리가 가야만 겨우 산책을 할 수 있다. 한 명의 선생님이 10~15명의 사람을 돌보다 보니, 일반인이 쉽게 가는 산책조차 갈 수가 없는 것이다.

  거기서 봉사를 하다 보면 다양성에 대한 인정뿐 아니라 그냥 평범한 사람으로서 걸을 수 있고, 평범하게 살아갈 수 있다는 것이 얼마나 축복인지를 깨닫게 된다. 다양성에 대해 색안경을 끼거나, 나와 다르다는 것이 잘못되었거나, 반대로 상대에 비해 나를 비하하거나 다름에 대해 비교하지 않게 된다. 축복이라고 느끼는 만큼 그들에 대한 미안함도 느낀다. 어떤 장애우들은 제대로 씹을 수가 없어 죽을 쑤어서 떠먹여줘야 한다. 밥이 침과 함께 줄줄 흘러내릴 때면 익숙하지 않은 사람들은 비위가 상하기도 한다. 그러고 나서 밥을 먹으면 잘 넘어가지 않는다. 그 사람들은 매일 그렇게 먹어야 하는데, 나는 그 밥 한 끼를 떠먹여주었다고 비위가 상해서 밥이 넘어가지 않는 것이다. 그 사실을 스스로 느끼면서 미안해진다. 평범한 것이 얼마나 감사한 것인지 또 한 번 느낀다. 그것이 출발점이다. 우리는 그렇게 우리와 다른 사람들을 돕고 함께하면서, 우리가 얼마나 행복한 사람인지를 느끼고 다양성을 인정하고 존중하는 법을 배워간다.

HP사회공헌위원회, 초록우산어린이재단 한사랑마을 장애영유아원 사랑의 봉사활동

엄격하되, 비정하지 않기

"마리암, 내가 널 사랑하는 거 알지?"
– 《천 개의 찬란한 태양, 할레드 호세이니》 중에서

엄격하다는 것은 상대방과 나 모두에게 객관적이어야 한다는 뜻이기 때문에 참으로 어렵다. 비정하지 않다는 것 또한 적절한 거리에서 충분한 사랑을 주어야 한다는 뜻이기 때문에 이것 또한 어렵다. 하지만 어려운 만큼 이 두 가지를 조화롭게 지켜나갈 수 있다면 훌륭한 리더가 될 수 있다. 시작은 어렵지만 차근차근 해나가다 보면 불가능한 일이 아니라는 걸 알게 된다.

가끔 정말 열심히 애정을 쏟는데도 절대 웃지 않고 돌아서면 주저앉는 후배를 만나본 적이 있다. 사실, 그럴 때는 나도 많이 고민이 된다. 열 손가락 눌러 안 아픈 손가락 없다는 옛말 틀린 게 하나 없다.

그 친구를 볼 때마다 마음이 아프고 힘들었다. 이런 경우, 대부분은 일에 대한 문제이기보다 그 친구가 갖고 있는 성격적인 문제가 크기 때문이다.

이런 경우 한 번에 변화되기가 힘들기 때문에 나는 보통 두 가지 방향으로 접근을 한다. 그런 친구들에게는 아무리 좋은, 긍정적인 메시지를 전달해주려고 해도 위안이 되지 않는다. 그저 똑같은 눈높이에서 공감만 해주는 것, 그게 가장 효과가 좋다.

"그래, 힘들지. 네가 말한 대로 이렇게 해도 쉽지는 않을 거야. 그렇겠지."

공감과 동시에 이렇게 말해주는 것이다.

"네가 부정적이고 우울해하는 건 비단 너만의 문제가 아니라, 너를 아끼는 주변 사람들이 모두 힘들어해. 그러니 조금만 네 마음속에서 나오면 어때."

그들을 변화시키려 들지 말고, 그저 공감해주면 된다. 그들에게는 다른 사람들을 보고, 공감하려는 자세가 필요하다. 그걸 못하기 때문에 자기 안으로 파고드는 것이다. 주변에 긍정적인 사람들을 만나면서 그들의 이야기를 듣고, 공감하면서 깨고 나와야 한다. 그냥 "열고 나와!"라고 하면 절대 나오지 못한다.

나 또한 내가 부정적인 성향을 가진 사람이라면 쉽게 나올 수 없을 것 같다. 내 마음이 어둡고 우울한데, 누군가 그런 나에게 "나오라."고 한다고 나갈 수 있을까. 주변 사람들의 이야기에 공감을 못하기 때문이다. 그래서 그 연습을 할 수 있도록 도와주면, 조직에서 조직이 가려는 방향에 대해 인지하고 공감해나가기 시작한다. 개인적으로는 주변의 긍정적인 친구들에게 공감하는 연습을 하고, 회사 차원에서는 회사의 긍정적인 미래와 비전을 공유하는 연습을 하게 도와준다.

그러나 때로는 그조차도 싫어하는 사람들이 있다. 아예 받아들이지를 못한다. 그들에게는 그들보다 더 우울하고 부정적인 사람을 소개시켜주고, 자기 자신이 남들에게 어떻게 비춰지는지를 직접 느껴보도록 해야 한다. 더한 사람을 찾아서 팀으로 묶어주고, 그들을 지켜보면서 오히려 스스로 조금은 더 긍정적이 되고 그들과 함께 벗어날 수 있도록 해줘야 한다. 우울하고 내성적인 사람들은 쉽게 마음을 열지는 않지만 대부분 진솔하고 굉장히 깊이 있는 사람인 경우가 많다. 그들에게는 혼자 잘할 수 있는 일을 만들어주어야 한다. 그래서 업무 배정을 할 때 성격을 파악하는 일은 정말 중요하다. 사람에 대한 관심이 있으면 그것이 가능해진다.

회사가 해줄 수 있는 것

사회에 나와 사람들과 어울리는 일을 하면서, 어머니에 대한 생각들이 조금씩 들기 시작했다. 나는 사회생활을 시작하자마자 IMF가 왔고, 그때부터 우리나라는 천천히 고성장이 멈추고 저성장 시대로 들어왔다. 불확실성의 시대가 온 것이다. 나 역시 그 안에서 똑같이 불리해졌고, 기회가 사라졌다. 동일한 환경이었지만 그렇게 따지면 어머니는 얼마나 심했을까 싶었다. 아무것도 모르는 분이 1~2만 원으로 월세 땅을 계약하고 생전 처음 해보는 일을 했으니.

하지만 어느 순간부터 나는 일을 할 때마다 그런 생각이 들었다. 지금 우리는 모두 힘든 시대를 살고 있다고 하지만 나는 어머니보다 더 많이 배웠고, 여러 가지로 할 수 있는 게 많지 않나, 하고. 그래서 내가 저성과자로 정체되었던 시기에도 뭔가 좀 다르게 해볼 방법이 없을까를 늘 궁리했다. 늘 똑같이, 하던 대로 하면 지속되는 게 아니라 후퇴한다는 생각을 했기 때문이다. 처음에 100원의 일을 하던 사람도 동일한 일을 10번 100번 하면 더 잘할 수 있게 된다. 그러면 시간이 남게 될 것이고, 그 남는 시간에 아무것도 안 하고 있으면 그 에너지가 아까워진다. 또한 물가도 오르고 모든 게 오른다면, 거꾸로 동일한 일을 했다면 그 사람의 동일한 가치는 줄어들었다고 봐야 한다.

어쨌든 일을 하는 데 있어서 리더가 반드시 짚어주어야 할 부분이 있다. 모든 직원들이 다 같지는 않겠지만, 적어도 나처럼 뭐가 문제일까, 어떻게 고쳐보면 될까를 고민한다. 하지만 경험이 없고 어리면 그걸 정확하게 파악하기는 힘들다. 누군가 제대로 가르쳐줘야 하는데 그러지 못하면 더더욱 깊은 수렁으로 빠지고 만다.

나중에 와서야 알게 된 것이지만, 나는 참 하드 스킬이 부족했다. 하드 스킬이란 직무에 맞는 내 역할, 전문적인 기술을 의미하는데 그건 무조건 익혀야지만 가능한 것이다. 다른 방법은 없다. 그런 후에 소프트 스킬, 즉 소통하고 조율하는 능력을 키워가야 하는데 나는 그걸 몰랐고 소홀히 했다. 그래서 시간이 좀 더 걸렸다.

이와 함께 직원들에게 반드시 해주어야 하는 중요한 한 가지가 있다면 바로 L&D(Learnging & Development)다. 이것은 글로벌 기업에선 매우 중요한 부서 중의 하나로 인사부 밑에 있는 '인재육성교육부'다. 요즘에는 이를 '탤런트 매니지먼트'라고 한다. 이는 한마디로 '일을 하면서 배우고 성장시키는 데' 그 의미를 둔다. 그래서 회사 구성원이 어떤 직무에 맞는 하드스킬을 배우고 있으면 단순한 하드스킬뿐 아니라 이런 일을 하는 데 있어서 어떤 관점으로 접근해 어떻게 일을 끌어나가야 하는지를 알려준다. 내가 얻으려는 목표는 무엇인가, 이 일을 하는 방법과 일을 하려는 목적, 이유에 대한 것까지 알고 갈 수 있도록 돕는 것이다.

HP가 좋았던 것은 L&D에 대해서 여러 가지 교육을 해준다는 점이다. 인사부의 L&D를 담당하는 매니저가 나에게 참 많은 영향을 주었다. 내가 어머니로부터 하드스킬과 소프트스킬로 고물상을 경영하는 방법을 보고 배웠다면, HP에 들어와서는 L&D 교육을 통해 일을 하는 방법, 왜 내가 이 일을 해야 하는지 목표 설정과 큰 틀에 대한 그림을 그리는 법을 배우게 된 것 같다.

사람이 회사에 들어왔을 때 단순히 그 직무에 대한 이해도를 높이고 기술, 툴들만을 가르쳐주는 것이 아니라, 자신의 달란트가 무엇인지, 자신이 무엇인지, 그리고 일과 삶의 상관관계, 그리고 어떻게 해야 하고, 또 그 이유를 스스로 찾게 해주는 것은 매우 중요하다. 다들 성과에 대한 엄격한 잣대만 갖다댈 줄 알았지, 정작 회사가 직원들에게 제공해주어야 할 게 무엇인지를 궁리하는 일은 드물다. 그래서 국내 회사에서도 이런 부분에 대해 많은 고민을 시작하고 있다.

우리나라 젊은이들은 점수에 맞춰 대학에 가고 스펙에 맞춰 일을 찾는다. 막상 일을 시작하면 이 일을 왜 해야 하는지, 나에게 이 일이 맞는지에 대해서 매치가 안 되는 데서 엄청난 갈등을 맞는다. 그래서 좋은 회사에 들어가도 돈을 많이 버는 것 외엔 크게 행복을 느끼지 못하는 경우가 있는 것 같다. 하지만 이러한 시스템은 직원들이 자신의 행복을 찾고 그 행복감을 통해 다시 회사에 이바지하도록 해준다.

나는 지금도 인사부 L&D 담당 매니저에게 주기적으로 한 번씩은 상담을 받는다. 리더든 조직을 이끌어가는 사람들은 반드시 인사적인 관점에서 조언을 해줄 수 있는 조언자를 곁에 두고, 인사적인 관점에서 컨설팅을 받아야 한다. 이것은 굉장히 중요하다. 박대범 부장은 인사 전문가이고, 탤런트 매니지먼트의 전문가이다. 조직을 생각하는 나의 사고, 우리 직원들을 교육시키는 여러 기술적인 면, 관념적인 면에서 자연스럽게 계속 상담을 받는 과정을 통해, 나는 그가 가진 지식의 100%는 아니겠지만 많은 부분을 전수받게 된다. 특히 멘토링, 코칭, 리더십 부분에 있어서 굉장히 많은 도움을 받았다.

젊은 친구들, 리더, 팀장이 되고 싶은 사람들은 반드시 인사적인 관점의 충고를 해줄 수 있는 사람들을 만나서 끊임없이 조직, 팀에 대한 생각을 문의하고 그 사람들에게 의견을 구하고, 조언을 얻으면 반드시 적용하고 실행해보기를 권한다. 그리고 그 차이가 무엇인지 피드백을 주면서 "다른 차이가 발생하던데 어떻게 생각하세요?" 하고 물으며 서로 토론해라. 이렇게 서로 성장하는 게 정말 중요한 것 같다. 국내 중견 기업들도 이러한 것을 천천히 받아들이고 있는 듯 보이지만 아직 갈 길이 멀었다. 난 이 부분을 좀 더 적극적으로 받아들여서, 리더들만이 아닌 회사에 몸담은 젊은 친구들에게도 같이 배울 수 있게 해주면 좋을 것 같다. 리더는 끊임없이 회사가 직원들에게 무엇을 해줄 수 있을 것인지를 고민해야 한다.

사심 비우기

어쩌면 이 장에서 내가 강조하고 싶은 것은 리더의 제대로 된 자질에 대한 것인지 모른다. 결국 엄격하되 비정하지 않다는 것은, 충분히 공감하고 애정을 쏟는 방법과 자신에게 엄격하고 상대에게 엄격함으로써 객관적인 일의 잣대와 기준을 스스로 가지고 있어야 한다는 뜻일 것이다. 그래서 나는 좋은 리더, 멋진 리더보다는 소통하는 리더, 공감하는 리더, 자신의 부족함을 잘 아는 리더가 되는 법을 말해주려고 한다. 물론, 그것이 꼭 정답은 아닐 수 있겠지만 약간의 도움은 될 수 있으리라 확신한다.

나는 사우나를 아주 좋아한다. 누구에게도 말하지 못할 진짜 고민이 생기면 동네 작은 사우나나 회사 근처 사우나에 가서 혼자 조용히 눈을 감고 30분 정도 아무 생각 없이 반신욕을 한다. 경험이 있는 사람은 알겠지만, 아무 생각을 안 하려고 하면 사실 온갖 잡생각들이 밀려온다. 고민은 고민할수록 더 고민이 된다는 말이 딱 맞다. 정말 아무 생각 없이 반신욕을 하려고 노력하다 보면, 물에서 나올 때쯤엔 그 정답이 내 마음속에 있다. 그리고 깨닫는다. 이미 물에 들어가기 전에, 그 고민을 내 안에 담기 전에 답은 정해져 있었다는 것을 말이다.

모든 일에 있어서 리더는 합리적이어야 하고, 명분이 있어야 하고, 투명해야 하고, 도리에 어긋나지 않아야 한다. 그것이 큰 틀에서의 진리다. 그렇게 가야 하는데 고민이 된다는 건 그중 무엇 한 가지가 제대로 맞지 않는다는 것이다. 보통 사심이 있거나, 무언가를 좀 더 얻으려 하거나, 나만 좀 더 잘 되려고 할 때 고민이 된다. 그래서 사실상 반신욕을 하는 30분 동안 내가 할 수 있는 것은, 내 마음속에 숨은 진실을 찾아내는 일이다. 내가 지금 사심을 가진 게 아닌가, 내가 좀 더 잘 되려는 욕심을 부리는 건 아닌가……. 그렇게 사심을 제거하는 연습을 하는 것이다. 그것만 하면 정답이 쉽게 나오고, 그 탐심을 내가 감내하기만 하면 모든 일은 원활하게 해결된다. 대부분이 개인적인 욕심을 떨치지 못하기 때문에 자꾸만 다른 대안을 찾게 되는 것이다. 직원들을 대하고, 어떤 업무를 배정하거나 회사의 큰 결정을 할 때에도 마찬가지다. 반드시 사심을 버려야지만 합리적이고 명분 있는 결정을 할 수 있다. 그러지 않으면 어그러진 결정을 하게 된다. 이것은 아직도 여전히 지속하고 지켜야 할 나의 숙제다.

모든 일에 있어서 리더는 합리적이어야 하고,
명분이 있어야 하고, 투명해야 하고, 도리에 어긋나지 않아야 한다.
그것이 큰 틀에서의 진리다.

리더십?
함께 성장하지 않으면 의미 없는 것

"당신, 얘기 좀 해봐요."
-《낭만적 연애와 그 후의 일상, 알랭 드 보통》중에서

　　　　　　나는 HP에서 20년 동안 일해 왔고, HP홍콩법인 아시아태평양 투자지주회사 및 HP타이완법인 등기임원 이사회 멤버와 구 HP 기업서비스부문 아시아태평양지역본부 조세재정총괄본부장 부사장 겸 한국법인 대표이사로 등기가 되어 있다. 사실, 1939년 HP가 실리콘밸리의 최초 벤처기업으로 설립되어 포춘지 100대 상위그룹에 포진하는 지금까지, 아시아 태평양 투자지주회사의 3명 등기 임원 이사회 멤버 중 한 명이 한국인이 된 것도, 아시아태평양지역본부 조세재정총괄본부장이 한국인이 된 것도, 또한 한국법인 대표이사를 겸직하게 된 것도, HP 설립 이후 처음이다.

　잘난 척을 하려고 이 말을 쓰는 게 아니라, 어떻게 해서 여기까지

왔는지에 대한 얘길 좀 하고 싶어서다. 앞부분에 나의 스토리를 읽었다면 알겠지만, 나는 승승장구한 케이스도 아니고 남다른 스펙이나 배경을 가진 사람이 분명 아니다. 오히려 반대로 많은 악조건이 주어졌고, 나 자신도 준비가 제대로 되지 않아 헤매던 시간이 많았다. 하지만 이 자리에 앉아 (아직도 갈 길이 멀었지만) 가만히 생각해보면, 그렇게 부족한 점이 많은 나를 높이 평가해준 것은 바로 무엇을 하든 나와 함께한 사람들과 다 같이 가겠다는 마음이지 않았나 싶다.

협력업체 사람도 '우리' 사람이다

대기업에 있다 보면 협력 업체를 이용하게 된다. 그런데 그럴 때 사람 유형이 몇 가지가 있을 것이다. 협력업체를 을로 대하거나 비용을 최소화하는 전략에 주안점을 두고 계속 억지로라도 짜내거나, 아니면 그냥 후하게 주고 말거나. 지금까지 나와 주로 함께한 협력업체는 로펌이나 회계 법인인데, 난 그럴 때마다 우리나라 문화 자체를 바꾸고 싶다는 생각을 많이 했다. 우리나라는 기본적으로 서비스를 공짜로 생각하는 경향이 있다. 우리나라만 벗어나면 서비스라는 것은 가치 있는 트렌드 액션이 된다. 즉, 서비스란 '가치를 부여한 행위에 대한 대가 있는 용역'인 것이다.

나는 한국사회의 서비스 문화가 가치 있는 대가를 얻을 수 있는 것으로 자리 잡는 데 기여하고 싶다. 한국의 젊은이들이 결국에는 서비스와 관련된 일을 하며 살아가야 하는데, 이 가치를 몰라준다면 젊은이들이 받는 돈은 줄어들 수밖에 없다. 가치를 높여주고 진정한 가치를 인정하는 문화를 만들어나가야 한다. 중요한 문제다. 이는 곧 우리 산업이 가야 할 방향이다. 우리나라는 자원도 없고, 국토도 작다. 결국 서비스 산업으로 가야 하는데 그러려면 젊은이들이 그 서비스의 가치를 인정받고, 정당한 용역의 대가를 인정받게 만들어줘야 한다.

어쨌든 나는 회계법인이나 로펌에 용역을 줄 때 그 안에서 성장해야 할 사람을 고른다. 그 사람이 성장할 수 있도록 돕고, 그가 자신의 일터 속에서 가치가 돋보일 수 있도록 일을 시킨다. 금액 또한 그 안에서 평가받을 수 있을 만한 금액을 주기 위해 노력한다. 그 사람이 나로 인해 우리 회사를 위해 더 열심히 뛰어줄 수 있게 만들어서, 우리가 주는 돈 이상의 결과물을 가지고 올 수 있기를 바란다.

그리고 그 사람들에게 용역을 주고 관계를 맺으며 나 또한 그들로부터 배운다. 내가 일을 시킨 사람들은 그 분야의 전문가다. 그들을 통해, 오랜 시간 그들이 경험한 가치를 간접적으로 수혈 받는 것이다. 그래서 그 프로젝트가 끝나면 그 사람은 그 회사 내에서 인정받고 나는 우리 회사 내에서 프로젝트의 결과를 통해 인정받는다. 또한 개인적으로는 그 사람이 가진 지식에 대한 경험을 공유 받는다. 그래서 나는 내게 일이 주어지고 협력업체와 조인해야 할 상황이 생기면, 항상 협력업체 우리 담당자를 위해서 어떻게 해야 할지를 먼저 생각한다.

예를 들어, 로펌 하나를 선정할 때에도 내가 그곳을 선택해야 하는 이유를 생각한다. 본사는 "Why?"라는 질문을 할 것이고, 나는 내가 먼저 고민을 하고, 왜 그곳과 같이 해야 하는지에 대한 답을 찾으려고 노력한다. 협력업체를 쓴다는 건 단순히 일을 준다는 게 아니라 같이 고민해주는 것이다. 그 업체 입장에서, 그 사람 입장에서, 어떻게 하면 좀 더 좋은 결과를 끌어낼 수 있을지 고민하는 것이다. 그 대답이 확실할 수 있도록 협력업체들과의 관계가 형성되어야만 나는 본사로부터 떳떳하게, 가치 있게 줄 수 있는 적정한 또는 최대한의 예산을 따낼 수 있다. 그러지 않으면 본사 입장에서는 '비용의 최소화'라는 답변밖에 나오지 않는다. 글로벌 회사는 늘 그렇다.

나는 그것을 다투어서 크게 만들어낸다. 그 일에 맞는 작품을 만들기 위해서 예산을 얼마나 받아내느냐도 나의 일이 된다. 이건 그냥 서비스가 아니니까. 정말 가치가 잘 부여된 용역의 대가이니까. 그래서 리더십과 경영이 같이 연결된다. 리더는 가치 있는 일을 만들어낼 예산을 따내기 위해 본사와 논리싸움을 하고, 거기서 승리해야만 리더로서의 역할을 했다고 볼 수 있다. 나와 같이 일을 하는 사람들이 풍요롭게 일함으로써 만족할 만한 결과를 만들어내는 것이다. 리더는 논리적으로 이를 설명하고 명분 있게 다투어서 예산을 얻어낼 줄 알아야 한다.

협력업체와 함께 일을 할 때 나는 가능한 한 '성장해야 할' '성장 가능성이 있는' 사람을 담당자로 요청한다. 이미 잘 되어 있고 벌써 베테랑인 사람보다는 우리와 함께 성장해갈 수 있는 사람을 찾는 것이다. 기본적으로 평소에도 끊임없이 소통을 하며, 관심을 갖고 사람들을 지켜본다. 다들 돈 주고 일만 시키면 그만이니, 이렇게 하는 경우는 많지 않다. 하지만 내 생각은 다르다. 나는 협력업체의 담당자들이 나와 동반성장해나가는 동료이자 파트너라고 생각한다. 그러니 그들을 관심 있게 볼 수밖에 없다. 나의 장점은 사람의 장점을 잘 파악하는 것이니까, 지켜보면 뭘 잘할 수 있는지를 알 수 있다. 그리고 그것에 맞는 일을 시키면 된다. 그러면 내 성과도 좋아지고 우리 회사도 잘되고 그 사람도 그 회사에서 잘 되니까, 나한테도 결국은 더 잘하게 된다.

때때로 내가 점찍은 사람들을 보며 "아니, 왜 저 사람과 하려고 하지?" 하고 의아해하는 경우도 있다. 하지만 내가 그를 점찍는 순간, 그가 그 회사의 대표얼굴이 되고 그 외의 모든 사람들이 그를 서포트하게 된다. 그만큼 중요하니까. 이는 곧 내가 협력하는 업체의 사람에게까지 기회를 제공해주는 셈이 된다. 이것은 국내 혹은 글로벌 기업에서도 매우 드문 케이스이며, 그게 가치를 배가시킨다는 사이클을 이해하고 실현했기 때문에 가능한 일이다. 예산을 많이 쓰는 것이 당장 회사에 불이익을 가져다줄 거라고 생각하는 일반인들과는 다른 것이다.

경쟁력 있는 사람들을 배출해내는 것

피터 드러커는 항상 '사람 중심의 경영'을 이야기했다. 나 또한 경영은 결국 사람을 어떻게 움직이느냐가 관건이라고 생각한다. 그래서 나는 항상 나와 함께하는 직원들이 가능한 한 사회에서 좀 더 영향력 있는 사람들이 되게 하는 데 많은 노력을 기울인다. 그들이 회사라는 조직을 떠나 다른 회사, 다른 분야, 다른 곳을 가더라도 하나의 오롯한 독립 개체, 비즈니스맨, 리더, 팀원으로서 살아갈 수 있는 경쟁력을 가진 구성원들이 되었으면 좋겠다. 그런 사람들이 모인 회사가 우리 회사라면 충분히 만족스러울 것이다.

내가 아닌 누가 대표를 하더라도 그러한 하드, 소프트 스킬의 기본 체계를 가지고 있고, L&D를 통해 일에 대한 목표와 인간적인 믿음을 바탕으로 한 리더십 스킬을 갖춘 사람들을 키워내는 데 초점을 맞추기를 바란다. 그리고 그런 사람들이 회사를 이끌고, 실무자, 팀장, 대표이사가 되어 회사를 채운다면 이 회사는 정말 실적을 떠나 구성원 각각에게 의미 있는 회사가 될 거라고 본다. 내가 그 일에 최선을 다하면 우리 회사 구성원들이 다른 회사를 가더라도 그 영향력으로 다른 회사의 문화까지 이끌어갈 거라고 본다.

    회사가 무조건 성장하고, 그래서 회사가 커져서 많은 직원들을 뽑는 게 경영자가 해야 하는 일이라고 보는 시각도 있지만, 난 그게 전부가 아니라고 생각한다. 예전에는 어떻게 회사를 성장시킬까가 경영자들의 첫 번째 고민이었다. 회사는 이윤을 내야 하니 그 고민이 1번인 것은 사실이다. 하지만 이제 시각이 바뀌어야 한다. 직원들도 대표에게 바라는 것은 1번은 기본이지만, 저성장 시대에서는 개념이 바뀔 수밖에 없다. 성장이 잘 되면 모든 사람들이 행복하게 살 수 있을 것 같지만 성장이 점점 어려워지는 시대가 다가오고 있다. 때문에 저성장 속에서도 어떻게 하면 회사 구성원들의 개인적인 성장을 도와줄 수 있고, 사소한 기쁨과 행복을 나눠가질 수 있는 회사로 만드느냐가 앞으로 경영자들의 고민이지 않을까 생각을 한다.

함께 가지 않으면 재미가 없다

    회사 내에 각 부서를 최소화시키고 저비용이 가능한 인도, 중국의 HUB 센터로 일괄적으로 움직이라는 지시가 글로벌 본사로부터 내려왔다. 한 마디로 적은 비용으로 대체할 수 있는 현재의 고비용 인력들을 줄이겠다는 말이다. 당시 조세팀인 우리 팀은 국제조세와 관련이 있다고 명확하게 말할 수는 없었다. 그래서 우리는 1년 중 매일 해야 하는 일반적이고 정규적인 일을 정리하고, 월별, 분기별, 연별로 해야 하는 일을 정리해야 했다. 그리고 각각에 얼마나 시간을 투여하는지를 정리해서 보고하라는 것이다. 이것에 따라서 아웃소싱을 줄 것인지, 인력을 얼마나 줄일 것인지를 판단하려는 것이었다.

정말 고민이었다. 분석을 해보니 일반적인 오퍼레이션(Operation) 일들은 충분히 저비용국가로 아웃소싱을 줄 수 있는 것이었다. 사실 우리 팀에서 대체 불가능한 일이란 게 특별히 없는 것이다. 인도, 중국의 HUB센터와 한국에 있는 회계법인 중 몇몇 곳과 위탁용역계약을 통하면 할 수 있는 일들이 대부분이었다. 그때 나는 다시 손을 든다.

"제가 전략을 한번 짜보겠습니다."

세무부서가 하는 일을 저비용 국가로 보내면 금액적인 절약효과는 분명히 있다. 나는 세무팀이 하는 가장 중요한 일 두 가지를 생각했다. 하나는 현재 새롭게 하려는 비즈니스 모델에 대해서 정확한 컨설팅을 하고 거기에 대한 세무조사위험(세무추징위험)을 최소화시키는 것. 둘째는 비즈니스가 가장 효율적으로 될 수 있도록 컨설팅을 해서 이익을 극대화하는 것.

그러려면 첫째로, 회사 자체의 비즈니스를 알아야 했다. 앞으로 회사가 어떻게 비즈니스 모델, 플랜을 가져가야 할지 아는 사람만이 정확한 컨설팅을 할 수 있다. 세무는 단순한 오퍼레이션이 아니다. '부가가치가 결합된 컨설팅(Value Added Consulting)'이다. 그래서 현재 비즈니스 모델을 모르고 미래의 비즈니스 모델을 모르는 사람이 하는 컨설팅은 반드시 위험을 불러올 수 있고 정확하지 않다. 단순히 일반적인 Operation만 한다면 저비용국가에 넘겨도 문제가 없지만, Value Added Consulting을 한다면 얘기는 달라진다. 이는 국내 회계법인 또는 로펌의 자문을 받아야 하는데 실무자 인건비보다 훨씬 비싸다.

둘째, 만약 세무조사가 나와 세금을 추징당하게 될 경우의 위험도는 저비용국가로 옮겼을 때의 인건비 효과보다 훨씬 크고 또한 회사의 윤리적인 평판, 그리고 사회적인 평판에 큰 리스크를 끼치게 된다. 따라서 회사 내의 세무팀의 존재 가치는 단순히 저비용국가로 옮겼을 때의 비용절감 효과보다 엄청난 절감효과 및 존재의 의미가 있다.

나는 이런 관점에서 우리 부서의 중요성을 부각시키고, 어필했다. 그리고 결과적으로 부서원 모두 고스란히 살아남았다.

내가 한 것은 우리 부서의 컨셉을 바꾼 것이다. CFO나 그냥 윗사람들은 당시까지만 해도 세금부서가 단순히 오퍼레이션이라고 생각했다. 단순히 조세법에 맞게 지원하고 신고해주는 부서에 지나지 않는가, 하고 생각한 것이다. 거기서 나는 이렇게 주장한 것이다.

"우리 회사는 비즈니스 모델을 새로 짤 때 반드시 세무팀과 함께 해야 합니다. 비즈니스로 100의 이익을 얻었지만 정확한 국제거래 및 세법정책을 검토하지 않아 세금으로 35를 낸 후 세후이익 65를 얻는다면, 적법한 세법정책을 이용하여 세금이 최소화되는 비즈니스 최적화모델을 통해 80 규모의 일을 하는 게 회사에 이익 아니겠습니까. 그러니 반드시 세무팀의 컨설팅을 받고 해야 합니다. 그래야 훨씬 이익을 낼 수 있습니다."

그 일 이후로 우리 팀의 비전이 바뀌었다. 그전까지는 '빠르고 정확한 서비스'였다면 이제는 '회사의 가장 믿음직한 컨설팅을 해주는 자문그룹'이 되었다. 우리의 비전, 존재의 이유가 바뀌어버린 것이다.

지금은 어느 부서든 새로운 비즈니스 모델을 짜고 있으면 우리에게 먼저 연락이 온다. 그러면 우리는 먼저, 정확한 비즈니스 전략이 무엇인지 검토한 후 해당 비즈니스 전략에 주안점을 맞춘 비즈니스 최적화모델을 자문해준다. 단순 세무지원부서에서 우리는 비즈니스 전략에 맞는 자금운용전략, 공급망관리(Supply Chain Management), 국제조세전략, 인수합병(M&A)전략 등을 총괄적으로 입안하고 검토

하는 정책자문그룹이 된 것이다. 실제로 이렇게 했을 때 단순한 절세 효과뿐만 아니라 효율적인 비즈니스 모델을 구축할 수 있는 효과가 엄청나다. 국내 거래뿐 아니라 국제 거래까지…… 여러 상황이 있기 때문이다.

기존에 세무팀이 하던 일은 부가세 신고, 법인세 신고 양식에 맞춰서 숫자를 써 내는 게 일이었다. 하지만 이제는 완전히 달라졌다. 이제 세무팀은 비즈니스 모델을 보고 파악한 후, '조세법상 이런 리스크가 있을 수 있으며 이를 방지하기 위한 개선책을 짜야 한다.' 등 조세법을 연구하고 케이스 스터디를 하며 법적, 경영학적으로 접근하여 모델을 제시한다. 그러면 직원들이 리서처가 된다. 해외 논문, 법을 찾아보며 케이스 스터디를 하게 되는 것이다. 그때부터 우리 부서원들은 비즈니스에도 관심을 갖게 되고 수동적이 아닌 능동적인 대처를 하기 시작했다. 그러니 비즈니스 부서에서는 당연히 우리에게 의존하고, 이제는 우리 팀의 승인이 있어야 새로운 비즈니스 모델을 실행할 수 있는 권한이 정비되어, 사업부가 제일 먼저 달려오는 부서가 되었다.

다른 회사에서는 이런 경우가 매우 드물다. 이것이 내가 이 회사에서 눈에 띄게 된 계기였다. 유일성이 빛나는 일이었다. 실제로 이렇게 해서 회사에 기여한 금액도 엄청나다. 별 볼일 없던 저성과자가, 회사 내에서 중요한 부분이 된 것이다. 글로벌 다국적기업뿐 아니라 글로벌 로펌, 회계법인 등에서 엄청난 스카우트 제의가 들어올 때마다 나 자신도 깜짝깜짝 놀라곤 한다. 실제로 내가 한 건 우리 팀의 가치를 발견하고, 모두 살아남기 위해 전략을 짠 것뿐인데. 어쩌면 그 진심이 제대로 된 존재의 가치를 만들어내고, 정말 우리 회사에 필요한 부분을 재발견하는 기회를 가져왔는지도 모르겠다.

열심히 노력하는 만큼, 함께 성장하는 회사로

리더가 되면 나보다 더 좋은 리더를 만들기 위한 철학과 연습에 많은 시간을 투자해야 한다. 나는 잘했지만 내가 나보다 좋은 리더를 연습시키고 키우지 않는다면 그건 결국 잘못된 리더십이라고 생각한다. 리더의 마음가짐, 리더의 생각이 기본적으로 불합리하고 직원들을 안고 갈 수 있는 마인드가 아니라면 그 직원들은 얼마나 외롭고 힘들겠는가. 그래서 리더가 되면 본인보다 더 좋은 리더를 만들기 위한 연습과 시간에 투자를 해야 한다. 나 역시 그쪽으로 많은 시간을 투자하고 있다.

또한 리더가 되었다고 해서 내려가는 길밖에 없는 건 아니다. 나만의 인생을 향한 또 다른 도전이 있을 수 있다. 물론, 이것은 도전이라기보다는 스스로 또 다른 방향을 찾아가는 연습인 것이다. 내가 이런 자리에 올랐다고 해서, 나 스스로 대단하다고 생각한 적은 한 번도 없다. 인생이 얼마나 긴데. 어쩌면 인생은 평생의 불확실성 속에서 방향을 찾아가는 여정일지 모른다. 나는 앞에도 말했듯 산꼭대기로 올라가는 것만이 성공이라고 생각하지 않는다. 불확실성에서 우리가 찾아가야 할 방향에서 난 '위'라는 것을 제거했으면 한다. 사람들은 그 방향을 높이 올라가는 걸로만 생각하지만 방향은 원으로 놓고 봤을 때 전 사방이 될 수 있다. 높은 곳만 바라보는 것이 아니라 완전히 별도의 방향 등이 있을 수 있는 것이다.

난 여전히 부족하기 때문에 누군가 '회사를 어떻게 이끌어갈 것인가'를 물어본다면 거창하고 거대한 이상을 가지고 답하지 못할 것이다. 다만 나와 함께 일하는 직원들이 노력해서 얻은 실적만큼 충분히 보상받을 수 있는 그런 문화를 만들고 싶다는 것. 그리고 직원들이 10년 이상 걱정하지 않고 그 분야에서 전문가가 될 수 있도록 공부하고 연구하며 일할 수 있는 환경을 만들어주는 것. 그것이다. 글로벌에서 차지하는 한국의 비중이 아직까지는 너무 작다 보니 한국에 대한 특이점들을 인정받기가 참 힘들다. 그래서 한국 자체의 경쟁력과 리더의 힘이 강해서 한국의 문화와 한국의 힘을 발휘할 수 있는 그런 기업을 만들고 싶다.

그런데 기업의 구조상 윗사람들이 많이 가지고 가고, 직원들이 많이 안 가지고 가는 것이 일반적이다. 임금이나 인센티브가 위로 다

쏠리는 구조, 대체로 그렇다. 하지만 실무를 보는 것은 대부분 사원이고, 그 사원들이 충족하고 생활에 만족스럽다고 느껴야 그들도 열심히 일할 수 있다. 그들에게 충분한 보상과 이익이 갈 수 있는 제도와 문화를 만드는 것. 사실 참 힘든 이야기이지만 그랬으면 좋겠다. 이것이 내가 리더로서 갖는 최종적인 목표와 사명일 것이다.

10년 / 10년의 법칙

"마음을 열면 어떻게 되죠?"
- 《노르웨이의 숲, 무라카미 하루키》 중에서

나에게는 명확한 '10년, 10년' 법칙이 있다. 30대 후반부터는 10년 이상의 선배들을 만나고, 40대 중반이 넘어서는 10년 이하의 후배들을 챙기는 게 내 인생을 풍요롭게 만들 것이라는 철칙이다. 그래서 실제로 30대 후반에 내가 만났던 사람들은 거의 10년 이상의 선배들이었다. 그분들을 만나며 인생, 사업, 일, 인간관계에 대해 간접적으로 경험했다. 그들은 아마 내가 귀여웠을 것이다. 부르지 않았는데도 여기저기 나타나 궂은일 마다 않고 따라다니며 챙겨주니까 말이다. 그러다 보니 좋은 기회, 좋은 영향을 나에게 주려고 항상 노력해주었다. 그리고 이제 40대가 되고 나는 다시 그 선배들의 자리에 서서, 그분들이 나에게 해주었듯이 좋은 기회와 영향을 주기 위해 노력한다. 내가 후배들을 지도하고 멘토해주면 그들 또한 중요한 역할들을 하는 사람들로 커서 그들이 나한테 새로운 기회를 주는 성장 요인이 된다고 믿기 때문이다.

회사와 회사 밖의 구분이 조금 있긴 하지만 회사를 나간다고 해서 내가 생각했던 가능성이 있던 사람들이 떠난다고 생각하지는 않는다. 그들과 인연을 맺으며 그들이 성공하는 자리로 갈 수 있도록 멘토링을 해야 한다는 것이 나의 목표이고 나의 인생의 철학이니까.

한번은 회사 내에 매우 눈여겨본 친구가 있었다. 말은 안 했지만 그 직원이 내가 좋아하는 가능성들을 모두 가지고 있었다. 긍정적인 마인드, 심성, 무엇을 시켜도 열정적으로 하는 태도. 때가 되었다 싶어, 그 친구에게 좋은 피드백을 주고 함께 커리어 플랜을 짜보자고 제안하려 했는데, 그 친구가 찾아와서 조심스레 말하는 것이다.

"다른 회사로 가게 되었습니다."

일반적으로 이런 경우 매니저는 선택을 해야 한다. 보내줄 것인가 끝까지 못 가게 막을 것인가.

회사에서 직원을 다른 회사로 안 보내기 위해서 할 수 있는 것들이 있다. 그런데 나는 고민을 했다. 여기 있어도 나와 커리어 플랜을 할 수 있지만, 회사를 나간다고 해도 불가능한 일은 아니지 않나. 게다가 그 친구가 가기로 한 회사는 떠오르는 회사였기 때문에 그 친구의 눈빛이 반짝였다. 지금의 도전정신이라면 그곳에서 또 다른 미래가 있으리라 생각했다. 그래서 난 말했다.

"하나만 약속하자, 거기에 가더라도 멘토가 필요할 테니 나랑 멘토십을 맺자. 그리고 그곳에서 벌어지는 일들, 그곳에서 힘든 일들을 서로 공유하고 풀어가 보자."

지금도 그 친구와 멘토링을 하고 있다. 물론, 내 예상대로 거기서 그 친구도 계획하는 바대로 잘 하고 있고, 우린 멘토링을 통해 서로 성장해가고 있다. 나의 직속부서원이었다면 아예 다른 곳에 가지 않게 했을 텐데, 하는 아쉬움도 종종 들긴 했다. 리더가 가져야 할 자연스러운 사람 욕심이라고 생각한다.

후배들을 챙기는 건 내가 찾아가기도 하고, 그들이 찾아오기도 하며 유기적으로 이루어진다. 그리고 지금은 후배들을 챙기고 소통하겠다는 철칙의 작은 실천을 위해 회사 내에서는 HP사회공헌위원회, 회사 밖에서는 초록우산어린이재단 홍보자문위원회의 위원장을 맡아서 하고 있다. 그리고 지역에 있는 대학교를 찾아가 멘토링도 하고 있다. 부산, 대구, 대전, 천안, 전남 등 이 일은 앞으로도 꾸준히 해나가야 할 사명과도 같다.

어차피 삶은 사막 아니던가.
높이 올라가는 것이 아니라,
우리는 끝이 보이지 않는 넓은 길을 한없이 달려야 한다.

리더가 마음이 아파야 할 때는 따로 있다

　우리나라가 저성장 시대가 되고, 미국, 유럽, 영국을 포함한 미국도(트럼프가 대통령이 된 것도 연관이 있다) 고용시장의 대부분 일반적인 직업군들이 인도나 저비용국가로 움직여가고 있다. 그러다 보니 일반적인 직원들이 했던 기존의 업무들이 저비용 국가들로 옮겨가고 있다. 이를 HUB모델이라고 하는데, 기존의 일들을 저렴한 노동력으로 대체시키는 것이다(앞에서 잠깐 언급한 바 있다).

　한국도 마찬가지여서, 이와 관련된 소식을 들을 때마다 가슴이 아팠다. 외부환경의 변화가 생기고 저성장 시대가 되니 천 개의 직업군이 있었다면 그게 자꾸만 사라져가는 것이다. 그러면 새로 들어온 젊은 친구들이 아무리 열심히 해도 맡은 부서의 팀원들이 줄어들고, 승진해야 하는 직업군들이 자꾸 작아지다 보니 어느 순간에는 외부 환경으로부터 생긴 불가항력적인 이유로 인해 일자리를 잃고 꿈을 잃는 경우가 많아졌다. 그것을 막아주지 못할 때가 리더로서 가장 가슴이 아프다.

　그것을 막으려면 한국의 내수시장, 경제규모가 커져야만이 우리 자체의 힘으로 한국 사람들을 회사에서 고용하고, 일을 보장할 수 있다. 그래서 한국만 총괄하는 사람이 아닌 나처럼 아시아태평양지역 또는 본사의 임원을 맡는 한국인들이 한국에 많아져서 우리가 보이스 아웃, 목소리를 낼 수 있게 되어야 한다. 한국은 그만한 발전가능성이 있다고 보기 때문에, 한국의 특수성을 이용해 보호하고 늘려야 한다고 목소리를 높이며 영향력을 발휘할 수 있게 되어야 하는 것이다.

한국에서만 일을 하다 아시아로 발을 넓힌 이유 중 하나도, 리더로서 이렇게 가슴 아픈 일들을 극복해보고자 하는 마음 때문이었다. 미래의 후배들을 위해서.

회사 내부의 재무그룹(파이낸스라고 통칭하는 부서)를 세밀하게 나누면 경리팀, 재무기획팀, 재무관리팀, 급여업무팀, 자금팀, 신용관리팀 등이 있다.* 그중 경리팀에 친한 동료가 있었다. 경리팀은 회사 내에서 돈을 지급하고 돈이 들어온 것을 관리하고 회사에서 지급되는 비용을 관리하는 팀이다. 나와 10년 정도 함께 근무한 직원이었는데 그가 하던 모든 경리팀 업무가 인도로 넘어간다고 해서 그 동료는 명예퇴직을 하게 됐다. 부서이동을 통해 그가 할 수 있는 일을 회사 내부에서 찾으려고 했지만, 하필 그때 우리나라는 금융위기 때여서 충원을 할 수 없어 그만두게 된 것이다.

그 친구는 누구보다 그 일을 충실하게 잘 해왔고 고성과자였음에도 불구하고 모든 국가에서 그 일 자체가 전부 사라지고 인도나 중국

---

* Accounting, Controllership, Business Finance, Payroll, Treasury, Credit&Collection, etc.

의 HUB 센터로 묶이면서 일자리가 사라져버렸다. 이런 경우 보통 70% 정도는 정상적인 대체가 되고 30% 정도는 잡음이 있는데, 이는 보통 인내할 정도의 잡음이라고 판단한다. 절약되는 비용절감의 효과가 그 잡음을 훨씬 뛰어넘기 때문이다. 예를 들어, 114개 국가에 소재한 경리팀 부서가 있는데, 해당국가의 그 부서 사람들을 모두 없애고 인도 HUB 센터에 전 세계 경리전담조직을 만들어 부서를 신설한다면, 어떻게 되겠는가.

회사의 입장에서 리더는 냉철하게 판단하고 대응해야겠지만, 이런 경우에 마음이 아픈 것은 어쩔 수 없다. 나는 한국의 힘을 키워서 한국 법인 내에서 우리가 하는 일들이 가치를 인정받고, 대체 불가능한 인력들로 회사가 채워지도록 하는 데 집중하려고 한다. 그것이 리더가 응당 나아가야 할 방향이라고 생각하기 때문이다.

나의 세 가지 꿈에 대하여

나는 리더로서 세 가지 꿈을 가지고 있다.

첫째는 나에 대한 것이다. 글로벌기업 대표라는 자리를 맡으면서 더 높은 자리를 향해 가는 것을 목표로 삼을 수도 있고, 그 자리에서 더욱 최선을 다해 가는 것이 목표가 될 수도 있겠지만, 사실 나의 목표는 그와는 조금 다르다. 이 자리에서 물러나게 된다면, 이제는 한

HP사회공헌위원회, 제주도 여행 中

국의 스타트업 기업들이 글로벌 대표 기업이 될 수 있도록 돕고 싶다. 지금껏 여기까지 오면서 쌓아온 수많은 네트워크와 노하우, 여전히 부족하지만 하나씩 하나씩 경험하며 깨달아온 많은 것들을 가능한 한 많이 공유하고 싶다.

한국에는 가슴에 열정을 가진 많은 젊은이가 있다. 또한 큰 꿈을 안고 이제 막 세상에 한 발을 내딛은 크고 작은 기업들이 있다. 그들에게는 분명 나 같은 사람이 필요할 것이다. 내가 잘나서가 아니라 배운 것을 가감 없이 공유하고, 이끌어줄 사람 말이다. 삶이라는 넓은 사막에서 내가 밟아온 발자국을 따라 올 수 있도록 도와줄 수 있다면, 그보다 의미 있는 일이 있을까. 그래서 이것이 사막 위에서 꾸는 나의 첫 번째 꿈이다.

두 번째는 한국인 후배를 키워 내 자리를 물려주는 것이다. 이는 첫 번째 꿈과 같은 맥락이겠지만, 나는 이 자리에 반드시 한국인 후배가 앉기를 바란다. 내가 이런 이야기를 하면 다들 '불가능하다'고 말하지만, 나는 "손을 들고 기회를 잡으라!"고 말하고 싶다. 이 책의 맨 처음에 이야기했듯, 한국인은 그 누구보다 빠릿하고 영리하며 따뜻한 가슴으로 사람들을 대할 줄 아는 민족이다. 나는 그것을 믿고, 충분한 자긍심을 갖고 있기에 한국인이 글로벌 다국적기업의 국제조세 본부 윗선을 다 차지하는 그런 꿈을 한번 꾸어보는 것이다.

세 번째는 나누어주는 것에 대한 꿈이다. 현재 하고 있는 HP사회공헌위원회의 활동과 초록우산어린이재단 활동이 그것이다. 의외로 사회에는 봉사나 기부에 대한 생각은 있지만 실제로 실행에 못 옮기는 사람이 많다. 귀찮거나 찾아다닐 만한 여유가 없거나 발판이 만들어지지 않아서 등이 그 이유다. 그래서 그런 사람들을 위한 플랫폼을 만드는 것이 나의 또 다른 꿈이다. 누구나 쉽게 봉사할 수 있고 기부할 수 있고 생활 속에서 맞닥뜨릴 수 있는 봉사, 기부, 사회공헌 플랫폼을 만드는 것. 그러려면 나 스스로 먼저 몸으로 봉사해보고, 내 돈으로 기부해보고, 봉사단체가 어떻게 흘러가고 있는지 연습을 해보는 게 중요하다. 현재 하고 있는 활동들은 그런 봉사기부 플랫폼을 만드는 과정인 것이다.

이 연습이 충분해지면 누구나 참여가 가능한 비영리 봉사기부 플랫폼을 만들어서, 우리 사회가 더 따뜻해지고 절망은 있지만 무너지지는 않는 공유의 삶을 살고 싶다. 생각만 해도 가슴이 벅차오르는, 행복한 꿈이다.

사심을 제거하면,
정답은 바로 나온다.

Part 04
잘 노는 남자, 전중훤입니다

난 잘 웃는 남자다.
뭐든 잘 먹는 남자다.
잘 자고, 잘 노는 남자다.
그리고 당신도 그렇게 되길 바란다.
그렇게 될 수 있도록 당신을 돕고 싶다.
때때로 그 여정이 힘들고 어렵겠지만 그렇게 할 것이다.
당신이 내게 그랬던 것처럼 말이다.

아무도 신경 쓰지 않는 것에 가치를 부여하다

"나에겐 도움이 필요했다. 간접적인 신의 도움이 아니라, 대화를 할 사람이 필요했다. 하지만 그럴 수 있는 사람은 드물었다."
-《빨간 코의 날, 미코 림미넨》 중에서

나는 생이란

타인의 삶과의 연결 고리 속에

존재한다고 믿는다.

인간은 고독하지만 홀로 살 수 없다.

그리고 외롭지만

늘 누군가와 이어져 있다는 느낌을 원한다.

그렇게 우리는 누군가와 함께 있을 때

자신의 존재 가치를 찾는다.

-《죽을 때 후회하는 스물다섯 가지, 오츠 슈이치》

HP사회공헌위원회 위원장이 된 지 올해로 5년째다. 처음에는 아무도 여기에 많은 신경을 쓰지 않았다. 소속이 된 사람들은 있었지만 실제로는 2~3명이 모든 활동들을 진행했다. 하지만 내가 들어간 후부터는 달라졌다. 일반사원들이 하는 회의, 작은 행사에도 나는 항상 참여했고, 제대로 된 조직을 만들기 시작했다. 내가 들어가기 전에는 'CHARITY COMMITTE'라는 명칭만 있었고, 필요에 의해 시간이 날 때 활동을 하는 것이 전부였다. 나는 명칭부터 바꾸고, 필요한 인력을 꾸려 조직을 만들었다.

　그렇게 한 것은 뭔가 그럴 듯한 걸 보여주기 위해서가 아니었다. 당시 나는 진심으로 사회봉사활동을 하는 조직에 들어가고 싶었고, 그것이 형식적인 게 되는 걸 원치 않았다. 봉사활동이라고 하면 어려운 것, 귀찮은 것, 힘든 것이라고만 생각하는데 나는 제한 없이 누구든 참여해서 서로에 대해 알아가고, 소통하면서 좋은 일을 해나가는 것이라 생각하고 이조차도 즐기면서, 놀이처럼 하고 싶다는 생각이 강하게 들었다.

　그렇게 조직을 만들고 회사 내 몇몇 젊은 친구들이 들어왔고, 난 먼저 그들과 서로를 알기 위해 교류해야 한다고 생각이 들어서 밤마다 모여 맥주 한잔을 기울이며 이런저런 이야기를 나누었다. 봉사에 대해 어떤 생각을 가지고 있는지도 알고 싶었고, 현재 그들이 갖고 있는 어려움에 대해서도 들어보고 싶었다. 영리를 목적으로 하는 모

HP사회공헌위원회, 봉사활동 中

임이 아니니 각기 다른 부서의, 여러 사람들이 모여 다양한 이야기들을 허심탄회하게 나눌 수 있어서 너무 좋았다.

그렇게 우리가 즐겁게 이 활동을 시작했다는 게 소문이 나자, 한 명 두 명 팀원들이 늘어나기 시작했다. 그리고 내가 처음 사내 동아리에 참여해 나의 고민을 털어놓았던 것처럼, 여기에 온 친구들도 자신이 맡고 있는 업무의 어려움과 다른 부서로 가서 경험을 해보고 싶다는 Needs가 있다는 것을 알게 됐다. 나는 고민 끝에 아이디어를 내놓았다.

"이 안에서 작은 회사를 하나 더 만들어보자!"

어차피 봉사활동을 하는 조직도 시스템이 갖춰져야 하니, 이 안에 마케팅, 홍보, 재무, 기획 등의 팀을 만들고 각자 원하는 분야를 맡아 경험을 해보기로 한 것이다. 재무를 하고 싶으면 재무팀에서, 마케팅을 하고 싶으면 마케팅팀에서. 그리고 그 친구가 잘해내면 난 해당 팀에 실제로 소개해주었다. 멘토링 시스템을 만들어 해당 업무에 대해 들어보는 식으로 시작을 하니, 업무에 대한 이해도도 높아지고 동기부여도 확실히 됐다.

여기에 들어오면 단순히 봉사를 하는 게 아니라 또 다른 경험을 할 수 있고 기회가 온다고 하니 점점 정착이 되고 커져갔다. 처음보다 훨씬 많은 활동을 하게 되고, 우리의 경험치도 쌓여갔다.

이제는 플랫폼 비즈니스를 하는 시대다. 사회공헌활동도 플랫폼이다. 조직을 만들고 그 안에 시스템을 만들어놓으면, 직원들이 와서 봉사활동을 한다. 수여자와 공급자를 연결시켜주는 것이 플랫폼이지 않은가. 남들이 보면 봉사조직이지만, 자아실현을 하고 기회를 얻게 되니 인지도가 올라가고 사람들이 들어오기 시작했다.

또한 좋은 것은 이 활동은 다시 회사의 긍정적인 요인으로 돌아온다는 것이었다. 우리가 하는 활동은 고스란히 HP의 좋은 이미지가 되어 돌아왔다. 기부활동을 하고 사회공헌을 하는 것은 기업에 있어 매우 필요한 활동이다. 이미지를 좋게 만드는 효과 외에도 실제로 회사가 궁극적으로 나아가야 할 방향을 보여주고, 그 회사가 사회를 향해 움직이고 있다는 것을 보여줄 수 있다. 뿐만 아니라 회사 내부적으로도 부서 이동과 관련해 경험을 해본 후 이동을 함으로써 자신이 잘하는 것을 찾아내고 그 역량에 맞춰 일할 수 있는 확률이 높아지니, 회사 입장에서도 인력 활용을 잘 하게 되는 것이다. 효율이 높아지고 검증할 수 있는 기회를 스스로 만들어낼 수 있으니, 개인적 가치나 비전 실현에도 도움이 된다.

우리는 즐기면서 이 일을 해오고 있다. '일'이 아니라 마치 '놀이'처럼 이제는 안착이 되었고, 분명히 결과는 있지만 그 과정 속에는 스트레스보다 보람과 설렘이 더 가득하다. 실제로 여러 행사를 하다 보면, HP사회공헌위원회 전 직원들이 얼마나 자긍심을 갖고 이 일을 하고 있는지가 보인다. 그들의 가족과 주변인들이 이런 활동에 함께 참여하고 그에 대한 피드백을 받을 때마다 "우리 회사가 이런 곳이구나." 하며 애사심을 가지게 된다. 선순환의 사이클이 생기는 것이다.

6년 전에는 상상도 하지 못했던 일들이 벌어지고 있다. 누구도 거들떠보지 않았던, 그저 이름과 형식만이 있었던 그 조직에 불이 붙고 의미가 부여되고 가치가 실현되고 있다. 그 과정에 참여한 모든 사람들은 개인적 가치뿐 아니라 회사의 이름을 걸고 사회에 공헌할 수 있다는 사실에 기뻐한다. 나는 '나눔'이 연습이 필요한 놀이라고 생각하는 사람이다. 그 일은 내게 전혀 스트레스가 되지 않기 때문이다. 나뿐 아니라 밤마다 모여 맥주 한 잔에 치킨을 놓고 행사를 기획하고 봉사에 대한 아이디어를 모으는 일을 기꺼이 웃으며 하고 있는 모든 친구들이 그럴 거라 믿는다. 우리의 시작은 미약했지만, 우리는 창대한 기쁨의 방향으로 향하고 있다. 누군가를 사랑하고, 의미 있는 일을 한다는 것은 아주 작은 것으로부터 시작된다. 그리고 그 작은 시작은 많은 사람들을 외롭지 않게 해준다. HP의 글로벌전략에 따른 사업부 분사에 따라 HP사회공헌위원회도 변화가 예상되지만, 나눔의 가치를 부여하는 우리의 놀이는 계속될 것이다.

누군가를 사랑하고, 의미 있는 일을 한다는 것은
아주 작은 것으로부터 시작된다.
그리고 그 작은 시작은
많은 사람들을 외롭지 않게 해준다.

어차피 노는 것,
같이, 잘 놀아보자

"사막에 가자.
우리가 발 디디고 사는 이곳 또한 사막이지 않겠냐며 살고는 있지만
그래도 사막에 가서 제대로 울다 오자."
— 《끌림, 이병률》 중에서

내 어릴 적 꿈은 축구선수였다. 초등학교 때까지 학교 대표로 축구선수로 뛰었다. 당시엔 몸이 날렵하고 눈치가 빨라서인지 제법 한다는 소리를 들었다. 초등학교 6학년이 되자 중학교 진학에 대해 고민하기 시작했다. 축구를 계속하면 국가대표 선수가 될 수 있을까? 아니면 공부를 해야 하나? 나는 축구를 너무 좋아했기 때문에 우선 그쪽으로 진학할 수 있는 방법을 찾고 싶었고, 그러려면 대표선수들은 전국체전 후보전을 먼저 치러야 했다. 그 경기를 본 후에 중학교 코치진이 와서 스카우트를 해간다. 야심차게 뛰어들었던 그 경기에서, 난 화려하게 자살골을 넣게 된다. 그리고 축구선수의 꿈을 접었다.

그렇게 일반 중학교에 진학을 하고 고등학생이 되면서 도산 안창호 선생의 책을 많이 읽었다. 당시엔 책을 참 많이 읽었는데 (물론 지금도 매우 좋아한다) 글을 읽고 쓰는 걸 워낙 좋아해서 '기자'가 되고 싶다는 생각을 하게 됐다. 언론인으로서 국가에 가치 있는 일을 해보겠다는 마음이 든 것이다. 항상 연습장을 사면 기사도 한번 써보고, 시도 써보는 식으로 글을 썼다.

그런데 막상 대학시험을 치러 보니, 원하는 과에 진학하는 게 녹록지 않았다. 선택은 점수에 따라 해야 했고, 집안도 힘들어서 현실의 벽이 높았다. 돈을 벌려면 경영, 경제 쪽으로 가서 전공을 해야 한다고 생각했다. 집안을 먹여 살려야 했으니까. 그렇게 언론의 꿈은 대학생이 되면서 자연스럽게 접어야 했다.

그렇게 대학에 왔는데 과가 너무 안 맞았다. 애당초 경영학과 경제학이 비슷할 거라고 생각했던 내가 어리석었다. 경제학과는 수리적이고 미시, 거시적인 경제를 논했으며, 내가 생각했던 경영하고는 완전히 달랐다. 원래부터 수학점수는 늘 낮았는데 경제학과를 갔으니 전공이랑 안 맞을 수밖에. 그래서 전공을 공부하는데 너무 힘이 들었다. 흥미를 잃으니 점수가 잘 나올 리 없었다.

'같이' '함께' 잘 노는 놈이 성공한다

그렇게 우왕좌왕 방황하다 극예술연구회라는 동아리를 선택하게 된다. 별로 아는 것도 없었는데 일단 들어가서 이것저것 해보니 너무 재밌는 게 아닌가. "이거야!" 제대로 알지는 못했지만 어차피 모두가 아마추어여서 나에게도 기회가 주어졌다. 배우, 기획, 조연출을 맡아서 하는데 어찌나 재밌는지 다시 꿈이 바뀌게 된다. 피디, 연극연출가로.

지금 생각해보면 그렇게 신나게 놀 수가 없었다. 대학교 생활의 70%는 동아리 활동으로 보내게 되는데, 제대를 하고 졸업할 때까지 제대로 수업을 들은 적이 별로 없을 정도다. 어차피 정해진 학점은 모두 이수를 해야 졸업을 하니 억지로 수강을 해야 했다. 전공은 딱 맞춰 미니멈으로 듣고, 그나마 내가 관심이 높았던 영어 과목을 많이 듣게 된다. 특히 내가 제대를 할 때쯤에는 "이제는 글로벌 시대"라고 하며 영어의 중요성을 강조했다. 그렇게 교양 과목은 대부분 영어로 들으며 공부를 했다. 영화를 좋아하니 영어가 재밌었다.

난 그때 동아리 활동을 하면서, 다시 한 번 내가 사람들과 함께 노는 걸 얼마나 좋아하는 사람인지 절실히 느꼈다. 혼자서는 잘 못 놀지만 사람들과 함께 있으면 200% 시너지가 났다. 기본적으로 내가 좋아하는 사람들과 함께 있으면 입가에 웃음이 떠나질 않는다. 같이 욕을 해대고 라면 반 개를 끓여 먹어도 그게 좋은 거다. 내가 조금만 양보하고, 조금만 겸손하고, 조금만 배려하면 모두가 즐겁게 놀 수 있다는 것도 그때 터득했다. 지금 내 삶에 중요한 부분을 차지하는 많은 사람들이 동아리 사람들인데, 이들보다 편한 사람은 없다. 벌써 20년이 훌쩍 넘는 시간을 함께하며 아픔과 기쁨을 나누었으니, 얼마나 편하고 좋겠는가. 그들과는 가만히 앉아 맥주 한 잔을 기울여도 말이 필요 없이 마음이 벅차오른다.

연극동아리는 봄, 가을 1년에 두 번 공연을 했다. 그리고 신입생이 들어오면 오리엔테이션 때 연극을 보여주기 때문에 크게는 세 번 연극을 하는 셈이다. 3월부터 기말고사 끝날 때까지, 주중에는 6시부터 10시까지 공연 연습을 한다. 가을에는 9~11월까지 같은 시간에 모여 연습을 한다. 겨울방학 동안에는 오리엔테이션 준비를 한다. 그러다 보면 매일 밤 10시까지는 정신없이 연습을 하고 끝나면 새벽까지 술 먹고 놀았다. 매일 그렇게 하고 나면 당연히 수업에 늦는다. 수업에 늦으니 수업이 재미가 없다. 그래서 공부하고는 담을 쌓게 되고 전공은 점점 힘들어지지만 동아리에서의 삶은 더욱 윤택해졌다. 시간을 더 많이 투여할수록 동아리 선후배 친구들의 개성, 특색도 보이고 재미도 극대화됐다.

연극도 회사와 똑같아서 새로운 친구들이 있고 팀이 있고 리더가 있다. 처음엔 아무에게나 주연, 조연을 안 준다. 하드스킬이 생기면 조연, 주연으로 간다. 동아리 활동을 하다 보면 선후배 관계에서 커뮤니케이션, 리더십을 배우게 된다. 작은 회사를 경영하는 훈련과 연습의 장소가 되는 것이다. 동아리 내에서 소통이 힘든 사람 치고 사회 나와서 잘 된 사람을 못 본 것 같다. 동아리 활동은 내가 희생하는 법을 가르쳐주기 때문이다. 동아리는 내 것만 챙기고 사심이 들어가고 희생하지 않으면 다들 알고 좋아하지 않는다. 난 그 속에서 작은 경영의 모습을 배우고 희생을 배웠다.

그리고 사람들과 부딪히다 보면 다양성에 대해서 새삼 놀라곤 했다. '아…… 여기에 대해서 저런 생각을 하는 사람도 있구나.' 내가 '일반적'이라고 생각하는 것과 전혀 다른 생각을 가진 사람은 의외로 많고, 그런 것을 보며 놀라고 실패도 많이 경험하게 된다.

처음 해보게 되는 배우, 기획, 소품, 조연출 등을 하면서 참 어려움도 많이 겪었다. 기한에 맞춰 해야 한다는 부담감은 매우 컸다. 한 사람이라도 펑크가 나면 연극 전체가 펑크가 나니까. 한번은 나도 맡은 역할이 너무 힘들고 부담스러워서 아예 나가지 않아 크게 사고를 친 적이 있었다. 그런 나 자신이 얼마나 한심한지 그렇게 사고를 친 후 민망해서 한동안은 동아리방에 가지도 못했다. 하지만 내 대학생활에 유일하게 재미를 붙이고 있는 게 연극동아리였기에 민망함을 무릅쓰고 다시 찾아갔더니, 언제 무슨 일이 있었냐는 듯 다들 반갑게 맞아주었다(종종 술자리에서 욕을 먹긴 했지만).

어쨌든 연극을 할 때마다 각 파트를 맡은 개개인이 얼마나 중요한지 뼈저리게 깨달았다. 같은 비전, 목표를 공유하고 함께 해나가지 않으면 배우가 아무리 잘해도 문제가 생긴다. 겉으로는 잘된 것 같아도 함께한 사람들 간의 소통이 없고 리더십이 좋지 못했으면 관객들에겐 괜찮았을지 몰라도 공연이 끝나면 왠지 허전한 느낌이 들었다. 반대로 무대는 좀 어색했어도 과정이 끈적했으면 비록 선배들로부터는 공연 후 공연의 기술적인 부분에 대해 비난을 받아도 함께한 동기와 후배들의 마음속은 하나같이 뜨거웠다.

그리고 공연이 끝나면 항상 희한하게도 그날은 눈물바다가 된다. 마음이 북받쳐 올라 다들 말도 잇지 못하고 눈물을 터뜨린다. '그동안 얼마나 오랜 시간 동안 모든 걸 바쳐 했는데 이렇게 허무하게 끝나나.' 하는 아쉬움도 들고, '이제 드디어 다 끝났구나.' 하는 안도감도 들고, '잘했어. 모두 고생했어.' 하며 스스로를 위로하기도 하는 것이다. 예외 없이 매 공연마다 우여곡절이 있었고, 함께한 사람들은 공연이 끝난 후 한자리에 모여 밤새도록 술을 마시며 아쉬움을 토로하고 서로를 격려해주었다. 때로는 우리가 한 것에 대해 열띤 토론을 하기도 하고, 부둥켜안고 울기도 했다. 지금 생각해도 내게 연극은 참 마약 같은 것이었다.

그렇게 한 번 공연을 치르고 나면, '이제 다시는 배우는 절대 안 해야지.' 해놓고 다음 학기에 또 하고 있다. 이런 일련의 과정은 전공에선 멀어지게 된 원죄는 만들었지만 나의 사회생활에는 크나큰 도움이 됐다. 그래서 회사에서 사람들을 만날 때나 면접을 볼 때, 그들이 동아리생활을 했다고 하면 일단 소프트스킬에 대한 기본이 되어 있다는 인정을 해준다. 그리고 보면 어릴 때는 어머니로부터 경영 수업을 했고, 대학 때는 동아리에서 경영 수업을 한 셈이다.

연극동아리 사람들과는 지금도 여전히 소통하며 지낸다. 아무리 바빠도 모임이 있으면 가능하면 가서 참여하고, 지금 우리가 사회 속에서 어떤 삶을 살고 있는지와는 관계없이, 여전히 철없고 풋풋한 모습으로 함께한다. 마치 공연 한 편이 끝나고 함께 모여 시시콜콜한 이야기를 나누듯, 살아가는 이야기를 하고 누구보다 편하게 서로를 어루만진다. 그리고 지금도 여전히 후배들이 공연을 할 때면 보러 가서 격려도 해주고 괜히 쓴소리도 해주며 한바탕 놀다 온다. 그게 내 삶에선 아주 큰 낙이고 행복이니까.

의미 있는 일을
한다는 것

> "당신 말씀이 맞습니다.
> 어떻게 하는 게 가장 좋은 일인지 알았으니까
> 이제 마음을 바꾸지 않을 겁니다.
> 그러니 걱정하지 마십시오."
> ―《방황하는 칼날, 히가시노 게이고》 중에서

    스티븐으로부터 멘토링을 받은 후부터는 나도 내가 배운 걸 후배들과 공유하고 싶어 HP사회공헌위원회와 초록우산어린이재단 홍보자문위원회 조직을 만들었다. 사실은 이것이 나에게 정말 힘과 용기를 주는 에너지원이 되었고 지금도 마찬가지다.

    HP사회공헌위원회의 구성원은 주로 대리나 사원급으로 이루어져 있고 초록우산어린이재단 홍보자문위원회 구성원들은 각자 다른 회사에 다니고 있으며 대리, 과장, 차장급으로 이루어져 있다. 각자 다른 부서나 다른 회사에 일이 있기 때문에 여가 시간, 개인 시간을 쪼개어 모든 직원들이 함께 봉사활동을 할 수 있도록 플랫폼을 만드는 일에 집중하고 있다. 외부에 기부와 봉사, 타인의 관심이 필요한 어려운 이웃들을 찾아가며 발굴해내는 일을 하는 것이다.

　HP사회공헌위원회의 조직은 내가 전무이사일 때 만들었는데, 그 속에서 사람들과 이야기를 나누다 보니 그들이 대기업의 전무, 부사장, 이런 사람들이 굉장히 화려한 생활을 하고 있으며 대하기도 무척 어려운 사람으로 보고 있다는 걸 알게 됐다. 하지만 실제로 그렇지 않았다. 뭐, 전에 비해 약간의 달라진 점들이 있을지는 모르겠지만, 나 자신을 스스로 보았을 때는 특별히 달라진 게 없었다. 오히려 변화된 게 있다면 더 많은 것을 보여줘야 한다는 것. 전무가 되니 업무의 압박과 해야 할 일들은 많아지고 뭔가 또 보여줘야 하는 상황이 되었다. 부장이 될 때에 보여줬던 것 그 이상을 보여줘야 하고, 이사가 될 때, 상무가 될 때, 전무가 될 때 또 다른 것을 보여줘야 한다. 그래서 정말 이 업무는 끝이 없고 계속 뭔가 발전을 시켜야 하고, 뭔가 성과를 보여줘야 하는 그런 일들이 이어졌다. 기업이란 그런 거니까.

　그런 와중에 HP사회공헌위원회와 초록우산어린이재단 홍보자문위원회 활동에 대해 회의를 하고 실행으로 옮길 때면, 그런 힘든 마음들이 치유가 되었다. 사실 HP 내의 사원, 대리급들과 홍보자문위원회의 대리, 과장, 차장급 직원들은 가장 바쁜 시기라 해도 과언이 아니다. 그리고 다들 젊은 시절이니 연애도 해야 하고 친구들과 놀아야 하고 일도 배워야 할 것이다. 그럼에도 우리는 모두 모여 회의를 한다. 심지어 한 해가 끝나는 12월 말일에 만나 6시부터 밤 12시까지 회의를 하기도 한다. 1월에 있을 연탄봉사를 위해서, 새해에 하게 될 새로운 활동들을 위해서. 다른 친구들은 대부분 지인, 가족들과 망년회도 해야 하고, 연인이 있으면 데이트도 해야 하는데, 우린 그 시간에 모여 열띤 회의를 하고 쉼 없는 논쟁을 했다. 이번 봉사는 어떤 메시지를 주기 위해 해야 하고, 직원들과 가족들에게 어떤 마음을 느끼게 해야 하는지를 열정적으로 이야기하는 것이다. 보여주기 식은 하지 말자고 하면서.

판을 깔아놓은 건 나이지만, 정작 모든 일은 그 친구들이 해나가고 있었다. 그리고 그러는 과정에서 그들이 변해가고 소통기술이 발전하는 모습을 볼 때 무척 뿌듯했다. 처음에는 다 고만고만한 수준에서 난상토론을 하기 일쑤였지만 점점 서로의 이야기를 들어주는 모습도 보이고, 그걸 자신에게 적용하는 모습도 보였다. 레벨 업이 된 것이다. 기존에 주먹구구식으로 하던 게 시스템화 되고, 행사를 거듭할수록 Knowledge Management가 돼서 점점 체계적이고 기술적으로 변해갔다. 그런 그들의 모습을 볼 때마다 나는 힐링이 되었고, "저들이 우리의 희망이구나. HP의 희망이구나. 저들이 꼭 성공하는 것을 보고 싶다. 저들이 꼭 행복해지는 것을 보고 싶다."는 열망이 생겨났다. 그러려면 나 스스로 자만하지 말고 멘토로서 잘해야 하고, 더 열심히 해서 계속 좋은 자리에 있으면서 영향력 있는 사람으로 성장해나가야겠다고 다짐하게 됐다.

HP사회공헌위원회,
사랑의 연탄 나눔 봉사활동

정말 의미 있는 일은, 모두의 가슴이 뛰는 일이다

2013년부터 HP사회공헌위원회에서는 연말 재능기부 콘서트를 해왔다. 회사빌딩 20층에 약 400석 규모의 공연장을 갖춘 강당이 있는데, 12월이 되면 우리가 한 해 동안 활동한 내용을 공유하고, 우리 임직원들 및 자녀들, 지인들, 재능 있는 가수, 뮤지컬배우, 장애 속에서도 꿋꿋이 꿈을 키우고 있는 친구들이 100% 재능기부로 공연을 한다. 그리고 우리가 후원해오고 있는 살레시오 다문화가정 아이들, 이주여성 디딤터 가족들과 함께 이 공연을 즐긴다.

우리는 다문화가정 아이들과 거의 7년 동안 같이 공부하고, 이끌어주려고 노력하고 있다. 또한 다문화가정 엄마들에게 한국어공부를 시켜주며 한국어로 소통할 수 있는 능력을 키워 자체적인 생활력을 갖출 수 있도록 후원하고 있다. 원래 후원하던 사람들과 HP 임직원 및 가족, 지인들이 400명 정도 함께 모여 1년 동안 해온 활동을 공유하고, 자신의 재능을 기부해서 다문화가정을 비롯해 따뜻함과 행복을 주고 싶은 사람들을 위해 공연을 한다.

한번은 예고에 다니고 있는 회사 직원의 딸이 재능기부를 하겠다고 자처한 적이 있었다. 1년에 한 번 이 공연을 하기 위해 그 친구는 1년 동안이나 준비를 했다. 그러면서 이렇게 말하는 것이다.

"저는 1년 동안 이 공연을 준비하면서 그 어느 때보다도 큰 기쁨

HP사회공헌위원회,
연말 재능기부 콘서트

을 느꼈습니다. 다문화가정 아이들이 1년 동안 얼마나 자랐는지 보고 싶었고, 나의 작은 재능을 이렇게 기부할 수 있다는 게 얼마나 가슴 벅찬 일인지 모릅니다. 작년에도 올해를 기다렸고, 또다시 내년이 기다려집니다."

작은 소녀의 말은 HP사회공헌위원회에 참여한 모든 사람들에게 귀감이 되었다. 그리고 뮤지컬 〈아리랑판타지〉에서 이자벨 역을 맡은 체리쉬마닝앗 씨에 대해서 우연히 알게 된 계기가 있었다. 한번은 차를 타고 가면서 EBS 교육방송을 듣고 있는데, 필리핀 여자가 나오는 다큐멘터리를 하고 있는 것이다. "한국에서의 삶이 어떠냐."고 묻는 질문에 필리핀 여성으로서 살아낸다는 게 참 힘들었는데 뮤지컬, 영화배우가 된 건 자기 같은 다문화가정의 사람도 한국에서 성공할 수 있다는 걸 보여주기 위함이었다고 대답했다. 그 얘길 듣자마자 난 HP사회공헌위원회 친구들에게 그녀를 초대하자고 제안했다. HP사회공헌위원회가 그동안 보살펴온 다문화가정 아이들에게 꿈과 희망의 멘토링을 함께하자고 제안을 한 것이다.

EBS에 연락해 그녀를 섭외했고, 그녀는 HP사회공헌위원회의 홍보대사가 되어 우리가 하는 홍보활동에 참여하게 됐다. 지금도 장애, 영유아 고아원에 같이 가서 봉사를 하면서 활동을 이어가고 있다.

나는 항상 우리와 함께하는 사람들이 성공하고 동반 성장하기를 원한다. 체리쉬마닝앗 또한 우리를 통해 홍보대사도 되고, 개인적으로는 큰 보람을 느끼면서 뮤지컬배우로서 HP사회공헌위원회에 공헌을 할 수 있게 되었다. 물론 이건 가식적이면 안 된다. 진심으로 할 때만이 다 같이 성장할 수 있다.

우리는 모두 서로의 상처를 보듬어야 한다

다문화가정 아이들에게는 많은 상처가 있다. 한국인인 아버지는 폭력적이고 무능한 경우가 많다. 그래서 아이들이 중학생이 될 때쯤 그들은 모두 가족을 떠나곤 했다. 그러면 엄마가 가장 노릇을 해야 하는데, 외국인이다 보니 청소부, 식당일 정도밖엔 할 수 있는 게 없는 것이다. 하지만 그조차도 쉽지 않다. 한국어도 서툴고 한국 사람들만큼 빠릿하지 못해서 핀잔을 듣기 일쑤다.

아이들도 한국어를 하긴 하지만 깊이가 없어서 국어를 따라갈 수 없고 공부가 어렵다. 중학생이 되면 탈선할 가능성이 커지고 꿈이 없다. 그들을 볼 때마다 안타까움을 느꼈고, 결국엔 '이래서 안 되겠다, 방법을 찾아야겠다.' 싶어서 송도에 있는 뉴욕주립대(SNUY)를 떠올렸다. 거기엔 힘든 나라의 아이들이 공부를 열심히 해서 그 나라의 추천을 받아 장학금으로 공부할 수 있도록 온 아이들이 있다. 나는 그 학교의 입학식에 초대를 받아서 가게 됐는데, 내가 만난 한 아프리카 학생은 꿈이 대통령이라고 했다. 자기 나라 국민들이 죽어가고 있기 때문에, 여기서 열심히 공부해 국민들이 죽지 않고 식량을 풍부하게 만들어주는 대통령, 장관, 정치가가 되고 싶다는 것이다. 그들은 장학금을 받긴 했지만 여전히 생활고가 심해서 교내 아르바이트를 했다. 그 아이들을 돕는 것이 우리에게도 큰 의미가 있겠다 싶어 HP 사회공헌위원회에서 그 아이들에게 장학금을 주기 시작했다.

나는 그 학생들이 우리 다문화가정 아이들에게 멘토를 해주면 좋겠다 싶었다. 자기보다 더 힘든 상황의 아이들이 꿈을 가지고 자기 나라를 위해 공부하고 노력하는 모습이 아이들에게 전달되어서 다문화가정 아이들이 우리 사회에서 제대로 자리를 잡고 꿈을 가져갈 수 있도록 하면 좋겠다고 생각한 것이다. 지금도 열심히 추진은 하고 있지만 쉽지만은 않다. 그러나 이런 시도들은 굉장히 의미 있게 다가오고 있다. 작은 시작이지만 결국엔 서로가 서로의 상처를 보듬으며 치유되고, 꿈이 이루어지는 기적을 보게 될 것을 알고 있으니까 말이다.

자기 삶이 즐겁지 않은 사람은 결코 성공할 수 없다

내 가치관은 함께, 같이 가는 것이다. 누가 뭐라고 해도 나는 아직은 우리 사회에 좋은 사람들이 많이 있다는 믿음이 있다. 그런 믿음 때문에 사회공헌활동, 기부활동들이 훨씬 더 나를 행복하게 만든다.

그런 활동 자체에 큰 가치가 있다고 보기 때문에 그것을 같이 하는 사람들은 지위고하를 막론하고 나의 동생, 친구, 형, 누나가 되는 것이다. 그 과정 속에서 그들은 또 하나의 가족이 된다. 내가 즐겁게 참여하는 소중한 모임의 이름이 그래서 '동행포럼'이다.

나와 동행포럼에 함께 참여하고 있는 친구가 있는데, 서재필이란 친구다. 요즘 말로 '베프' 옛말로 '죽마고우'라고 할 만큼 친한 사이인데, 놀라운 건 우린 사회에서 만난 친구란 거다. 보통 사람들은 학창 시절에 만난 친구가 아니면 이렇게 가깝게 지내기가 힘들다고 하지만 나는 재필이와 함께 있을 때면 그 어느 때보다 행복감을 느낀다. 말이 잘 통하고 마음이 통하는 사람을 만난다는 건 큰 행운이다.

동행포럼에서 재필이와 나는 거의 막내 급이어서 따로 '피래미 모임'이라는 걸 만들었다. 우리의 목표는 선배님들이 은퇴를 한 후에 '어떻게 하면 편안하고 즐겁게 놀 수 있을까'를 고민하고 도와드리는 것이다. 실은 그 핑계로 우리 막내들끼리 모여 노는 게 더 재밌기도 하겠지만, 그런저런 고민과 이야기를 하고 있노라면 참 활력이 된다.

그들과 삶이 하나의 공동체로 이어져간다. 나와 함께 이런 활동을 하는 모든 사람들이 나의 삶을 형성하는 데 있어 유기적으로 연결이 된다. 그러면 어느 순간 그들 중 정말 편해진 사람들과는 누구보다 인간적이고, 가까운 형, 동생이 된다. 그러니 그들과 함께 있는 순간이 노는 것이고, 진짜 노는 게 무엇인지 알게 된다.

난 내가 직접 봉사활동을 하고 내 경험을 나누는 게 행복하다. 봉사를 하기 위한 조그마한 플랫폼들을 만드는 게 내 작은 가치이자 목표이기에 이 가치를 몸소 실천하고 만들어나가는 게 행복한 것이다. 그 가치에 힘을 실어주기 위해 모여드는 동생, 형들이 나에게는 세상 그 무엇보다 소중하다. 그들과 함께 무엇을 만들더라도 그 과정은 사소하지만 행복하게 다가오는 것이고 노는 것처럼 다가오는 것이다.

그리고 내가 이런 활동들을 해야 한다고 믿는 이유 중 하나는, 기업이 이윤을 창출하되 사회적 책임에 따라 사회공헌을 하는 것은 소중한 의미를 지닌다고 보기 때문이다. 실제로 HP사회공헌위원회에서 하는 활동들이 이 글을 읽는 사람들에게는 어떤 크기로 다가갈지 모르겠지만, 그 활동을 받는 대상들은 모두 엄청난 크기의 의미로 받아들인다. HP가 좋은 회사라고 느끼게 되고, 의미 있는 일을 하는 곳이라는 인식이 생겨난다.

난 이런 작은 움직임들이 우리 사회를 조금씩 변화시킬 거라고 믿는다. 그래서 회사에 사회적 책임을 토대로 한 이런 활동은 반드시 있어야 하며, 누군가는 반드시 해야 한다는 책임감을 느낀다. 그리고 개인이 하는 봉사나 기부활동은 살아오면서 알고도 저지르고, 모르고도 저지른 실수와 잘못, 타인에게 준 상처들을 갚는 시간이 될 거라고 본다. 시간이 지났으니 돌이킬 수도 없고, 일일이 만나 그들을 어루만져줄 수는 없지만, 내 것을 좀 더 나누고 공유하는 과정을 통해 조금이라도 갚아나갈 수 있다고 생각하는 것이다. 내가 조금씩 하는 것을 보면서 우리 아이들이나 후배들이 배우면 그들 또한 조금씩 따라하지 않을까 하는 마음이 있다.

그런데 이 모든 활동을 하는 데는 중요한 한 가지 철칙이 있다. 무조건 재밌게 해야 한다는 것. 무얼 하든 재미를 느낄 수 있게, 결코 지루하지 않게, 창의적으로 만드는 것이 중요하다고 본다. 그것이 바로 리더의 몫일 것이다.

자기 삶이 즐겁지 않은 사람들은 결코 성공할 수 없다. 혼자 잘 노는 사람들은 성공할 가능성이 높지 않다. 함께, 배려하며, 재밌게 놀려고 노력하는 사람이 잘 된다. 그러니까 후배들이여. 함께, 배려하며, 열심히, 신나게 잘 놀기 위해 노력하면서 살기를.

송도 뉴욕주립대 빈민국 청소년들을 위한 Dream lunch 특강

한강둔치에서
맥주나 한잔 할까

"긴 세월 동안 '놀이'를 멈추지 않는 사람들은
마무리를 아름답게 장식한다. 그 모습에 '후회'는 없다."
-《죽을 때 후회하는 스물다섯 가지, 오츠 슈이치》 중에서

내가 HP사회공헌위원회 친구들과 노는 걸 즐거워하는 이유는, 젊은 친구들과 교류하면서 그들의 생각을 알게 되고 또 많은 걸 배울 수 있기 때문이다. 그들의 생각, 취향, 이런 것들을 배우고 싶어 작년, 재작년에는 봄, 여름, 가을마다 HP사회공헌위원회 친구들과 일이 끝나면 곧장 여의도 한강공원으로 향했다. 어찌나 자주 갔는지 어느 순간이 되자 마치 약속이라도 한 듯 몇몇은 텐트를 들고 오고, 몇몇은 랜턴을 들고 오고, 어떤 이는 오디오를 들고 와서 돗자리를 깔아놓고 놀았다. 잔잔하게 음악이 흐르는 가운데 10~15명의 사람들이 편의점에서 사온 맥주와 치킨을 놓고 새벽 1시까지 놀았다.

그렇다고 뭐 대단한 이야기를 하는 것도 아니었다. 그저 사소한 이야기들, "오늘 뭐했냐." "요즘 어떠냐." "클럽 가면 재밌냐." "이번엔 어디로 여행을 가냐." 등등 이러쿵저러쿵 사소한 얘기들을 하는데 그것조차도 그렇게 재밌는 것이다. 시종일관 하하호호 웃음소리가 떠나질 않았다.

이렇게 봉사활동의 취지를 갖고 함께하는 사람들은 항상 연구를 한다. 해외의 좋은 기부활동, 재단의 방향들을 리서치를 한다. 초록우산어린이재단 홍보자문위원회에서 하는 일 중에는 어린이재단의 대학생 홍보단 활동이 있다. 매년 대학생들 중에서 봉사, 기부에 관심 있는 학생들을 선정해서 홍보를 시키는데 거기에 멘토링을 하고 있다.

사회복지재단이나 사회공헌재단의 봉사활동 홍보단에 대학생들이 봉사활동을 오는 이유는 두 가지였다. 사회진출을 위해 봉사활동이라는 하나의 스펙을 얻어가고 싶은 것. 그리고 봉사하는 사람들과 같이 얘기하고 봉사에 대해 진심으로 알고 싶은 것. 그래서 우리는 그들의 봉사활동의 이유에 맞게 멘토링 기회를 주고 싶었고, 그와 관련된 프로그램에 협력을 하기로 했다. 먼저, 그들에게 설문조사를 해서 가장 만나고 싶은 사람들을 적게 했다. 그리고 통계를 낸 다음 그들이 만나고 싶은 멘토들을 섭외해 연결을 시켜주었다. 그들은 이 속에서 봉사에 대한 보람도 느끼고, 꿈을 실현할 수 있는 바탕도 마련할 수 있어서 기뻐했다. 대학생 홍보단에게도 스스로 성장하고 순수하게 봉사에 대해서 연구할 수 있는 기회를 준 것이다.

다문화 아이들도 계속 키우고 있다. 그 아이들 중에는 유난히 그림 그리는 걸 좋아하는 애들이 많았다. 그래서 한 가지 아이디어를 냈다. "신진화가를 구해보자. 화가로 꿈을 꾸고 있지만 화려하게 데뷔 못하는 화가를 추천 받아서 아이들을 돕게 하자."

실력은 있지만 돈이 없어서 데뷔하지 못하는 작가가 있다면 그 화가를 우리가 후원할 테니 우리 다문화가정 아이들을 가르쳐달라고 한 것이다. 그림을 가르치고 또 함께 그림을 그려 그 그림들로 연말 HP사회공헌위원회 재능기부콘서트 때 20층 카페에 그림 전시를 하자고 얘기가 나왔다. 그리고 그 화가는 정말 아이들을 매주 자기 작업실로 데리고 가서 6개월 정도 공동 작업을 했다. 아이들이 그림을 그릴 수 있게 가르쳐주고 그 화가와 아이들이 콜라보 작업도 한 것이다. 그리고 작가의 작품도 페스티벌 때 이름을 홍보할 수 있도록 에코백으로 만들었다. 백에는 그 작가 작품이 예쁘게 담겼다. 1000명이 넘는 사람들이 그 백을 보며 입을 모아 칭찬을 했다.

어떻게 노는 게 잘 노는 걸까. 함께 잘 놀려면 상대방이 잘 있어야 한다. 잘 놀려고 하는데 같이 놀 사람이 퇴직을 당하거나 어려움을 당하고 상황이 안 좋으면 같이 놀기가 어려워질 수 있다. 그래서 상대방을 잘 놀 수 있게 성장시키는 역할을 같이 해줘야 한다. 그러다 보면 나도 성장한다.

그리고 잘 놀려면 창의적이어야 한다. 맨날 똑같이 놀면 지루해진다. 상상력을 발휘해서 창의적으로 놀아야 한다. 그래서 플랫폼이 중요한 것 같다. 그래서 나는 함께하는 친구들과 끊임없이 플랫폼을 만들기 위해 노력하고, 기부나 봉사를 하고 싶은 사람들, 받아야 할 사람들에게 판을 짜주고 기회를 주기 위해 노력한다.

직급이 아무리 높아지고, 그에 따라 해야 할 일이 많아지고, 마음에 부담감이 늘어나도, 여전히 삶은 내게 무한한 기쁨이 숨겨진 놀이터다. 그런 의미에서 오늘도 후배들에게 전화를 걸어서 물어봐야겠다.

"한강둔치에서 맥주나 한잔 할까?"

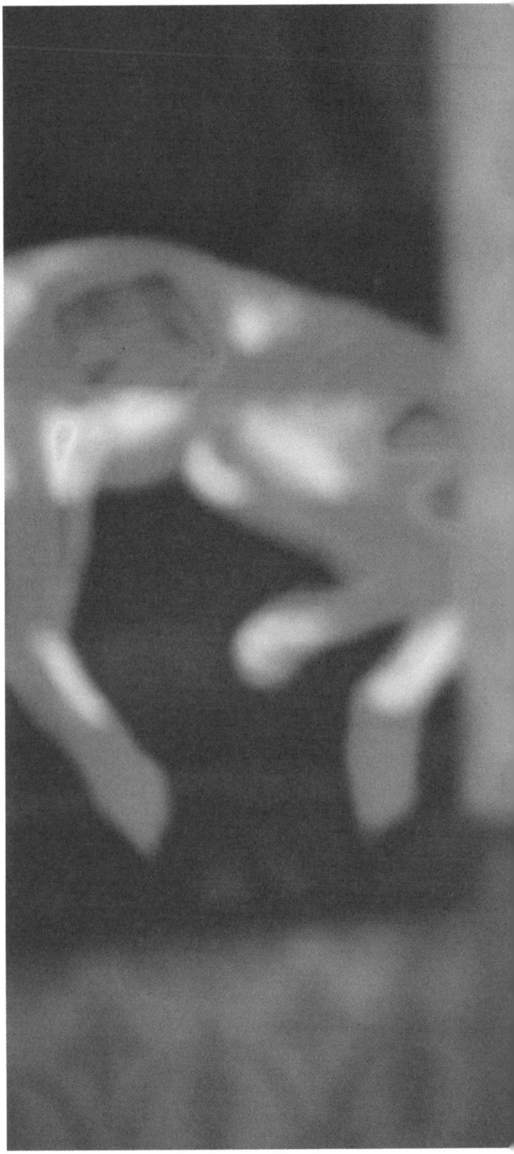

HP사회공헌위원회, 살레시오 다문화가정 아이들과 이태량 화백과 함께
그림을 배우고 전시회를 준비하는 과정

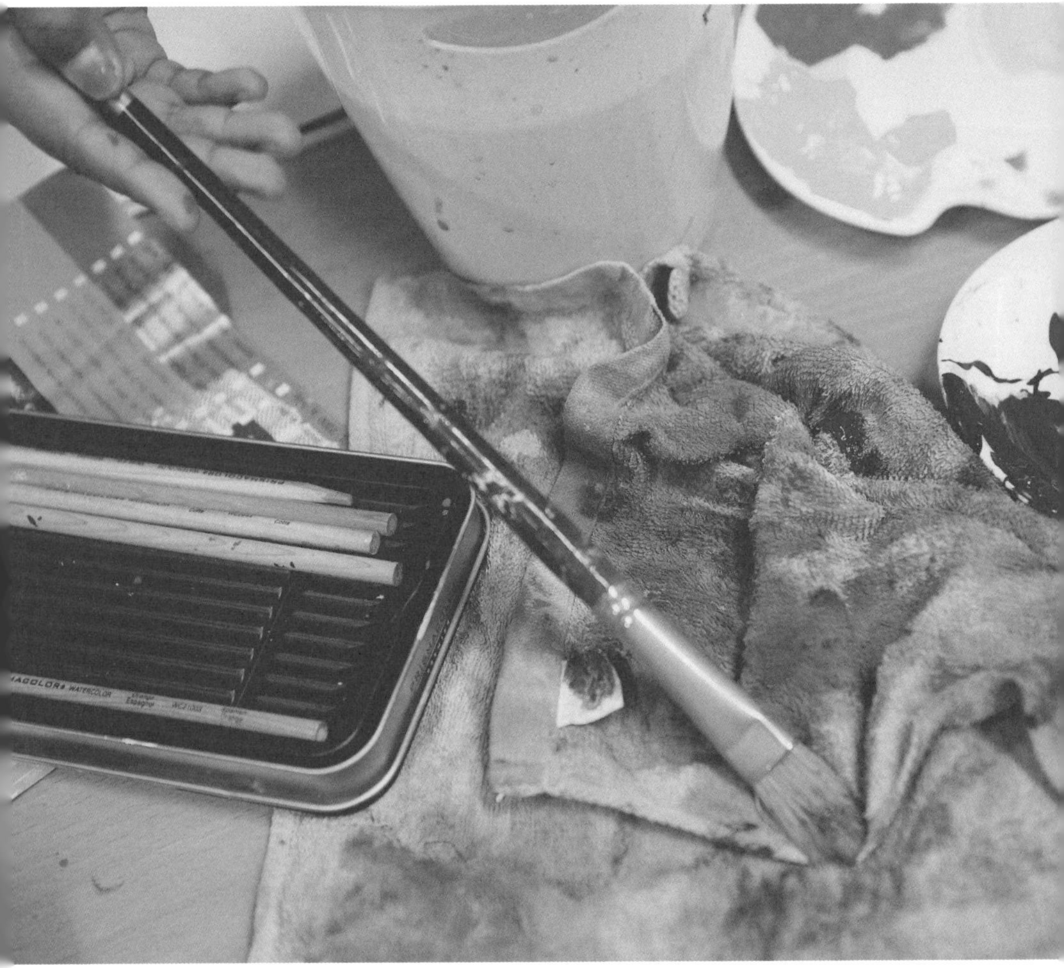

함께 노는 사람들을
행복하게 해주기 위해서

"사랑은 다른 사람의 인간성 가장 깊은 곳까지 파악할 수 있는
유일한 방법이다."
-《죽음의 수용소에서, 빅터 프랭클》중에서

난 여행을 좋아하긴 하지만 시간 때문에 잘 못하는 게 사실이다. 아주 가끔 혼자 해외여행을 가는데, 그것도 주로 출장을 겸해서 간다. 내 삶의 대부분을 다른 사람들과 함께 보내고, 이것이 유일하게 혼자 놀며 휴식하는 시간이다. 그리고 이렇게 혼자 여행을 갈 때면 막 돌아다니지 않고 거의 한곳에 머물며 천천히 시간을 보낸다.

재작년 겨울에는 뉴욕에 혼자 가서 2박 3일 동안 있다가 왔다. 흔히 하는 착각일 것 같은데, 사람들에게 말해주고 싶다. 대기업의 임원이 되면 아주 경제적으로 여유가 있을 거라고 생각하는데 모두 그런 것은 아니다. 일부는 맞지만 일부는 아닐 수 있다. 왜냐하면 그 정

도의 나이와 직급이 되면 챙겨야 할 가족, 책임져야 할 부분들도 그만큼 많아지기 때문이다. 사실은 약간의 여유만 있을 수도 있다. 그래서 자기만을 위해 투자하는 금액들이 생각보다 그렇게 많지 않다. 적어도 나의 경우는 그렇다.

혼자 여행을 기획하긴 했지만, 뉴욕에 가기 전에 HP사회공헌위원회 친구들에게 물어보았다. "어떻게 가면 좀 더 의미 있는 시간을 보내고 올 수 있을까." 그랬더니 나에게 좋은 아이디어를 주었다.

"대표님은 출장 가면 항상 좋은 호텔에만 묵고, 정해진 틀 안에서 지내다 오는 경우가 대부분이니 이번에는 좀 색다르게 있다 오세요. 젊은 사람들이 자주 머무는 게스트하우스 같은 데서 잠도 자보고, 낮에는 천천히 시내를 돌며 구경을 하는 거죠. 밤엔 루프탑 카페에 가서 재즈를 들으며 혼자 술도 한잔 하며 사색을 하다 오세요."

너무 좋은 아이디어였다. 그러면서 혼자서도 즐겁게 지내다 올 수 있는 몇몇 장소들을 소개해주었다. 난 그길로 진짜 뉴욕에 가서 게스트하우스를 찾아갔다. 무허가가 많아서 접선을 해야 했다. 짐도 많으면 안 된다고 해서 여행용 가방을 하나만 들고 갔다. 그리고 6인실에 방을 잡고 들어가는데 주인이 묻는 것이다.

"저어…… 뭐 하는 분인지는 모르겠는데, 괜찮겠어요? 여긴 다 젊은 애들만 오거든요. 비용 좀 아껴보려고요."

"아, 네. 저도 비용 아끼러 왔으니 아주 좋네요."

낮에는 여유 있게 한 군데만 가서 시간을 보냈는데, 블루버틀(Blue Bottle)이라는 카페였다. 예전부터 거기에 꼭 한 번 가보고 싶었는데, 블루버틀 커피 로스터는 2000년 미국 내 캘리포니아주 오클랜드에서 시작되었다. 미국 내에서 제3의 커피 물결을 일으켰다는 말이 있을 정도로 트렌디함을 내세운 커피 회사인데, 오직 한 가지 커피빈(Single Origin Bean)을 사용한다는 특징이 있다.

창립자인 제임스 프리만(James Freeman)은 '신선한 커피로 맛있는 커피맛을 낸다'라는 명확한 목표와 지침으로 회사를 설립하였고, 현재는 오클랜드, 샌프란시스코, 팔로 알토, LA, 뉴욕, 그리고 도쿄에 지점을 가지고 있다.

블루버틀의 특징은 커피를 적은 양으로 볶아내서 더 맛있는 커피를 만들어낸다는 데 있다. 커피를 볶을 때 오직 6파운드의 양만 볶아내며, 이곳에서 사용되는 커피빈은 48시간 내에 로스팅한 것들만 사용한다. 또한 핸드드립하는 과정을 공개하면서 고객들에게 좀 더 새로운 느낌의 커피를 제공하는 마케팅을 시도하였는데, 이후 블루버틀의 시그니처 이미지로 자리 잡게 되었다.*

그리고 저녁에는 재즈를 들으면서 야경 아래에 앉아 혼자 술을 마셨다. 다음 날 역시 시내 구경을 설렁설렁 하다 다시 카페에 앉아 한두 권 정도 책을 읽었다. 그리고 정말 아무것도 하지 않고 있다가 그

---

* www.bluebottle.com

냥 왔다. 길게 갈 수는 없으니 2박 3일의, 정말 아무 생각 없는 여행. 돈도 별로 들지 않는 여행을 한 것이다.

40대 중반의 중년이 되면 새로운 도전들을 어색해하게 된다. 해외에 나가 처음 만난 젊은 아이들과 같이 자는 게 쉬운 일만은 아니다. 코 고는 애도 있고 괜히 밤에 왔다 갔다 하는 애들도 있다. 그렇지만 나는 또 금세 그들과 친해지고, 소통하면서 그들의 이야기를 듣게 된다. 그리고 그 시간은 또 다른 색다른 기쁨을 안겨준다.

회사 내의 사람들과는 사실 친해지는 데 한계가 있다. 내 직급을 인식하기 때문이다. 하지만 내가 누군지 누구도 알지 못하는, 계급장 다 떼고 40대 아저씨가 그냥 온 것이니까. 미국의 작은 게스트하우스에서 만난 젊은이들은 (대부분이 한국의 20대 청년들이었다) 자연스럽게 그들의 고민, 삶에 대해 이야기를 터놓았다. 난 그 자체가 좋았다. 그 친구들을 보고 있노라면 나의 20대가 떠오르기도 했다.

노는 것도 놀아본 사람이 논다

내가 걸어온 길을 쭉 생각해보면 가끔 실없이 웃음이 나곤 한다. 고물상에서 리어카를 끌며 고물을 주우러 다니던 시간을 지나, 자살골을 화려하게 넣고 축구의 꿈을 포기한 시절, 170cm 미만의 친구들이 주축이 된 농구동아리를 만들어 농구에 미쳐 있던 시절, 그리고 전공하고는 담을 쌓고 날마다 연극에 미쳐 있던 그 시절까지……. 그리고 그 시절들을 생각하다 보면 한 친구가 동시에 떠오르는데, 나와는 매우 친한 대학동아리 친구다. 요즘 말로 베프.

내가 경제학의 경자도 모른다면, 4년이나 중문과에 다니면서 중국어라고는 한 마디도 못 하는 내 친구 정용이. 앞에서도 한번 언급한 적이 있는 그 7:3 법칙을 공유한 친구다. 우린 대학 시절 내내 붙어 다니면서 티격태격 참 재미나게도 지냈다. 정용이는 성격이 얼마나 까칠한지 처음 보는 사람은 말도 잘 걸지 않는다. 하지만 난 그 친구의 심성이 얼마나 깊이가 있는지 알기 때문에, 제아무리 까칠한 척을 해도 나에겐 통하지 않는다.

그때 우린 참 신나게 놀았다. 철없이 욕하고 물고 뜯다가 밤엔 소주잔 기울이며 인생을 논했다. 그때 논했던 인생은 지금 우리가 살고 있는 인생과는 많이 다르겠지만, 우린 그렇게 함께 인생의 많은 부분을 공유하면서 왔다.

그 친구나 나 서로의 밑바닥까지 모두 속속들이 아는 사람들이지만, 난 항상 그 친구로부터 많은 것을 배웠다. 어찌나 성실하고 검소한지 나는 아무리 노력해도 흉내도 낼 수 없을 정도였다. 게다가 정직함이 몸에 배어 있어서, 좀 까칠하고 괴팍한 면이 있어도 한 번 신뢰를 하기 시작하면 누구도 그를 의심하지 못한다. 그러다 보니, 제일 처음 사회생활을 시작한 회사에서 지금까지 20년이 넘게 일을 하고 있다. 처음에는 스타트업을 했던 작은 회사였지만 그 회사는 지금 중견 기업이 되었다. 정용이는 거기에 아르바이트를 하러 들어갔다가 성실성과 정직함을 인정받아 정직원이 되었고, 지금은 회사의 2인자가 되어 변함없는 모습으로 일을 하고 있다. 그를 시기하는 누군가가 사장에게 달려가 그에 대해 욕을 해도 사장은 "난 100% 저 친구를 믿는다. 저 사람은 거짓말을 못하기 때문이다."라며 요만큼의 의심을 하지 않을 만큼, 그 친구는 정직하고 거짓말을 할 줄 모르는 사람이다. 그걸 보면서 정말 진실 됨이야말로 그 어떤 능력보다 사회에서 큰 가치를 지닌다는 걸 새삼 알게 됐다.

그러던 친구가 어느 날 나를 인정해주기 시작했을 때, 말은 안 했지만 내 마음은 참 기뻤다. 허접하고, 찌질하고, 한없이 부족한 내 모습들을 누구보다 잘 알고 있으면서도 그 모든 과정을 열심히 걷고 걸어 여기까지 온 나를 인정해준 것이다. 세상 모든 사람들이 들려준 그 어떤 칭찬보다도 기쁘고 벅찼다.

이렇게 한없이 소중하고 귀한 사람들과, 그때처럼, 또 지금처럼 신나게 놀기 위해서, 난 열심히 살아야 할 것이다. 앞으로도 쭉, 지금처럼 놀고 싶으니까. 조금은 철없단 소릴 들어도 그저 이렇게 순수하게 웃을 수 있는 사람으로 세상 속에 놓여 있고 싶으니까.

그렇게 하려면 준비를 많이 해야 한다. 노는 것도 놀아본 사람이 논다고, 노는 연습이 많이 필요하다. 앞으로도 지금처럼 계속 놀려면 나와 같이 노는 사람들이 모두 행복해져야 한다. 하지만 각각의 삶에는 우여곡절들이 생길 것이고, 그들에 대해 한 명 한 명 배려하고 관심을 가져주어야 한다.

   또한 노는 것도 재밌게 놀려면 창의적이어야 하기 때문에, 안 해 본 것들을 생각해봐야 한다. 지금처럼 논다는 것은 생각보다 힘든 것이다. 역시, 노력 없이는 노는 것도 힘들다. 그래도 악착같이 놀 것이다. 그러기 위해 주변 사람들을 돌보는 일을 잊지 않을 것이며, 날마다 젊은 사람들과 소통하며 '어떻게 하면 재밌게 놀 수 있을까'를 고민할 것이다. 나이는 순방향으로 흐르겠지만, 마음만은 역방향으로 흐르게 할 것이다. 아직까지는 재미있다. 절망은 희망으로 바뀌고, 또 언젠가는 또 다른 절망이 닥쳐올지 모르지만 두렵지 않다. 나는 그 절망 속에서 어떻게 나오는지를 알고 있으니까. 당신들이 함께하는 한, 그 방법은 언제나 유효하다.

HP사회공헌위원회, 제주도 여행 中

부록

국제조세를 하고 싶은
친구들에게

"대담무쌍하게 살아가라는 말이에요. 스스로를 밀어붙이면서,
안주하지 말아요. 그 줄무늬 타이즈를 당당하게 입고 다녀요."
-《미 비포 유, 조조 모예스》 중에서

"그렇게 덤벙대는 성격에, 세무 업무가 가능한가요?"

참 수도 없이 들은 질문이었다. 디테일에 약하고, 털털한 내 성격을 아는 대부분의 사람이 우려와 신기함이 섞인 어조로 묻는 것이다. 물론, 쉽지는 않았다. 많은 노력이 필요했고, 지금도 여전히 노력해야 한다. 꼭 세무 업무 때문이 아니라, 인간은 늘 성장해야 하는 존재이기 때문이다.

하지만 나와 비슷한 성격을 가진 친구들에게 약간의 조언을 덧붙여준다면, 국제조세라는 업무의 관건은 반드시 '디테일'은 아니라는 점이다. 디테일이란 어쩌면 세상 모든 업무에 적용되는 아주 중요하고 유리한 자질이기는 하지만 국제조세에 요구되는 자질은 오히려

전체를 파악하고 판단하는 능력에 가깝다고 할 수 있다. 세무는 회계가 아니다. 숫자도 물론 중요하지만, 법을 해석하고 현상을 파악해서 적절하게 적용할 수 있는 솔루션을 찾고 판단하는 것이 무척 중요하다.

법은 단순히 몇 줄로 되어 있지만, 세무는 그 몇 줄의 법을 이 복잡한 현상 속에 어떻게 적용해야 할지 판단하는 일이다. So What? 이 법을 어떻게 해석하고 어떻게 적용할까? 이 일의 바탕에는 '현장을 아는 힘'이 필요하다. 단순히 법을 많이 안다고 해서, 계산을 잘한다고 해서, 잘할 수 있는 일이 아닌 것이다. 실제로 현장에서 영업을 하고 있는 실무자들, 사업을 이끌어가고 있는 사람들과 관계를 맺고 그들의 이야기를 들어봐야 한다. 현실이 어떤지, 어떻게 돌아가고 있는지 정확하게 파악하고 앞으로 우리가 가야 할 방향에 대한 솔루션을 제공해주어야 한다.

국제조세는 어떤 일을 하는 직업인가?

구글, 애플, 스타벅스, 페이스북, 아마존 등 글로벌 다국적기업들과 삼성, LG, SK 등 국내 대기업들의 입장에서 비즈니스 모델이 글로벌화되면서 발생되는 갖가지 국제거래 형태에 대한 조세 문제를 사전에 점검·계획해서 비즈니스 모델의 최적화 전략을 수립해나갈 필요성이 커지고 있다.

그렇다면 일단 조세에 대해 아주 간단히 얘기해보자.

조세란, 한 국가가 운영되기 위한 경제력을 뒷받침하기 위해 국가가 국민으로부터 징수하는 수입을 말한다. 고대, 중세, 근대, 현대에 이르기까지 모든 국가는 국민으로부터 세금을 징수해왔고, 마찬가지로 우리나라도 헌법 제38조에 따라 모든 국민에게 납세의 의무를 부여하고 있다. 다만 헌법은 개인의 재산권을 보호하고 있으며, 헌법 제59조는 조세법률주의에 따라 납세의 의무가 개인의 재산권을 침해하지 않도록 조세의 종목과 세율은 법률로 정한다고 규정하고 있다.

이러한 조세의 종목과 세율을 정하는 것이 바로 세법이다. 그리고 이 세법에 의해 법인세, 소득세, 부가가치세, 상속·증여세, 취등록세 등이 구분되며 각 세목에 따른 세율이 정해진다. 국가는 법이 정한 바에 따라 조세를 부과할 수 있는 권한을 가지며, 이러한 과세 권한은 그 국가가 행사할 수 있는 고유한 주권 중의 하나이다.

좀 더 범위를 넓혀보자면, 국내에서 창출된 경제적 부, 또는 국외에서 창출되었더라도 그 경제적 부가 만들어지는 과정에서 국내 경제가 기여했을 경우 이에 대한 과세권을 행사할 수 있다. 이는 우리나라뿐만 아니라 전 세계 모든 국가에서도 마찬가지다. 그리고 더 나아가자면, 동일한 경제적 부에 대해 각기 다른 두 국가가 국가재정의 확보를 위해 과세권을 행사할 수도 있고, 또 재정확보를 위한 유인책으로 과세권의 행사를 유예하거나 포기할 수도 있다. 즉, 동일한 경제적 활동에 대해 두 번 과세하는 이중과세, 또는 한 번도 과세하지 않는 이중비과세가 발생할 수 있다.

International Tax, 즉 국제조세라 함은 급속하게 진행되어온 글로벌 경제하에서 다수의 나라에서 경제적 활동을 하는 기업과 개인, 국가의 과세관청 간에 발생할 수 있는 조세적 분쟁을 최소화하고, 국제거래를 통한 경제적 효익을 그 역할에 맞게 분배하여 납세자의 재산권뿐 아니라 각 국가의 과세 권한이 침해되지 않도록 각 국가의 조세행정과 조세법률, 국제조세협약의 연구를 통해 국제경제의 변화에 맞춰 이를 발전시켜나가는 것이라 할 수 있다.

어떤 과정이나 조건들이 필요한가?

기본적으로 세무는 회계와 법률의 교집합이라 할 수 있다. 특히 국제거래는 C2C(Consumer To Consumer)보다는 B2B(Business To Business), B2C(Business To Consumer) 등의 형태로 진행되므로 회계처리에 대한 기본적인 이해가 필요하다. 그렇다고 해서 회계의 이해가 국제조세에 절대적인 요건이 되지는 않는다.

법률에 대한 이해는 실무적인 영역과 학문적인 영역으로 확장할 수 있다. 과세의 대상과 적용 범위는 법률이 정하는 바에 따라서 진행되어야 하므로 현실의 경제상황에 어떻게 적용시키느냐에 대한 부분이 실무적인 영역이라 할 수 있다. 그리고 경제적 상황을 적합하게 반영할 수 있도록 현실에 맞지 않는 국내법을 수정하고, 국가 간 조세조약을 급변하는 국제거래를 반영할 수 있도록 연구하는 것은 이론적 또는 학문적인 영역이라 할 수 있다.

또한 국제조세는 국내 법률뿐만 아니라 우리나라와 다른 국가 간의 조세조약, 외국의 조세법률을 연구해야 하는 측면에서 일정 부분 언어적 노력이 필요하다. 하지만 대부분 법률이나 논문 등이 영어로 잘 번역되어 있어 일반적으로 큰 어려움은 없다. 특히나 인터넷의 번역 기능이 점점 발달되어 편리해졌다.

장점과 단점

국경을 초월하는 유무형의 재화와 용역 등의 거래가 점점 증대되어 기존과는 다른 형태의 경제적 현상이 발생하게 되었다. 이를 다양한 시각에서 바라봐야 하는데, 국제조세 전문가는 보다 선제적으로 글로벌 경제의 trend와 비즈니스 trend를 읽어낼 수 있다는 장점이 있다. 특히 국제조세의 가장 큰 영역인 국가 간 거래가격*은 실로 다양한 분야에서의 접근법이 필요하므로 하나의 답에만 고집하기보다는 좀 더 유연하고 합리적인 관점을 견지할 수 있다. 이 부분이 비즈니스에 대한 감각과 컨설팅 마인드의 배양이라 할 수 있겠다.

---

* 이전 가격(Transfer Pricing)

반면 국내의 세무 동향에 대해서는 자칫 뒤처질 수도 있다는 단점이 있다. 특히 해외자본이 한국에 투자되는 In-bound 거래의 경우, 투자 국가와의 국제조세 문제가 발생하겠지만 이는 결국 국내 세법의 해석과 적용을 피할 수 없다. 따라서 이를 극복하기 위해 국제조세를 파악하는 것 못지않게 국내 세무의 흐름을 꾸준히 공부하는 노력도 필요하다.

국제조세 전문가 직업의 비전

글로벌화가 가속화되는 시대에서 국외로 진출하는 기업들과 국내로 투자하는 다국적기업이 급증하는 추세이다. 따라서 기업들은 비즈니스 모델을 전략적으로 추진할 때 반드시 진출국의 조세법제도와 국제거래 관계 속에서 맺고 있는 국제조세조약의 내용을 충분히 조사하고 적용해야만 한다. 또한 기업 내부에서 비즈니스 전략을 마련할 때 국제조세 전문가그룹의 컨설팅을 통해 공장설립, 투자계획, 자금운용방안, 배송거래방식, 주문계약시스템 등 한 회사의 전체적인 공급망관리(Supply Chain Management)를 바탕으로 비즈니스 최적화모델을 반드시 고려해서 적용해야 한다. 이를 간과하면 현지 진출국은 물론, 해외지사나 국내 본사도 심각한 이중과세의 위험에 노출될 우려가 있다. 이러한 이중과세를 사전에 방지하고, 국제적인 비즈니스 전략에 따라 국제거래 관계가 있는 각국의 조세법과 조세조약을 활용해 효율적인 절세전략을 수립하는 것은 기업 입장에서 매우 중요한 일이다.

쉽게 말해, 국제조세 전문가는 글로벌 시대의 국제거래에 대해 우리 기업들과 국내 또는 해외의 다국적 기업들, 그리고 개인들을 포함한 납세자들에게 국제조세를 근간으로 효과적인 조세전략을 제공하고, 나아가 우리나라가 국제거래에 대해 정당한 세금을 부과할 수 있도록 하는 역할도 수행한다.

글로벌 경제화에 따라 기업들의 사업 구조가 더욱 다양해지고 복잡해져 가고 있다. 이러한 상황은 각 나라의 조세 문제에서 예측할 수 없는 위험을 만들어낸다. 특히 전자상거래(App 다운로드와 Cloud 서비스가 대표적인 경우이다)가 활성화될수록 세금을 부과할 국가의 과세관청(과세권)이 각기 다른 국가에 소재하고 있다든지 하는 문제가 나타나고, 이러한 불확실성은 새로운 구조의 비즈니스를 만들 때 매우 큰 영향을 미친다. 실제로 최근 전 세계의 경제가 장기적으로 침체되면서 재정확보를 위해 각국에서 과세권을 확보하려고 더욱 치열하게 노력하는 상황이기 때문에 국제조세 전문가가 활동할 수 있는 영역이 점점 넓어지고 있다.

이러한 흐름에서 보자면 국제조세 전문가는 국세청 및 기획재정부 등 과세관청인 국가공무원, 회계법인 및 로펌의 국제조세자문 전문가그룹, 글로벌 다국적기업의 국제조세그룹, 국내 대기업의 국제조세그룹 등 다양한 분야로 진출해 성장할 수 있다. 특히 글로벌 다국적기업에서는 국제거래에 해당되는 업무가 많아 자연스럽게 국제거래에 대한 이해를 바탕으로 통찰력을 얻을 수 있으며, 이를 통해 국제조세에 대한 실무적인 감각을 키울 수 있다. 그렇게 국제조세에 대한 실무 감각, 컨설팅 마인드, 소통과 판단의 능력을 키우면 글로벌 다국적기업 및 한국법인의 조세부문장, 아시아 또는 태평양지역 본부의 조세본부장, 본사그룹의 국제조세 전문가그룹, 회계법인 및 로펌의 국제조세 전문가 등에서 커리어를 성장시켜 나갈 수 있을 것이다. 다국적기업뿐만 아니라 국내 기업에서도 국제조세의 역할은 갈수록 더욱 강화되고 있으므로 얼마든지 도전해도 좋을 분야라 생각한다.

한국에 세무를 하는 사람은 많다. 어떤 이는 세무는 한물간 직업이다, 인공지능이 나오면 AI가 대체할 영역이라고 말한다. 그러나 한국의 세무로 한정 짓지 말고 국제조세로 넓히면 세무는 단순한 오퍼레이션이 아니라 현재의 실무 비즈니스를 인식하고 그에 대한 컨설팅을 하는 가치 있는 일이다. 젊은이들 중에서 컨설팅을 하고 싶은 이들은 국제조세 컨설팅 쪽으로 눈을 확대해서 이 분야에 발을 들여 한국을 벗어나 아시아 태평양, 나아가 글로벌까지 도전을 해봤으면 한다. 그런데 이것을 하는 데 있어 세무사, 회계사 자격증이 꼭 필요한 것은 아니다. 기업에 들어가서 한국 세무를 천천히 배우고 손을 들어 무모하더라도 국제조세에 도전을 해보면 기회가 있을 것이다.

앞서 내가 품은 꿈 중 하나라 말했었는데, 내가 은퇴를 할 때 꼭 한국인이 내 자리를 이어주길 바란다. 그렇게 만들려고 노력할 것이다. 내 밑에 아주 잘하는 후배들이 많이 있다.

한 가지 더!

1938년에 설립된 민간 조세학술연구단체인 IFA는 약 100개국, 1만 2,000명의 회원이 소속되어 있으며, 매년 열리는 IFA 총회는 평균 2000명, 80개국 이상이 참가하는 '조세 분야의 올림픽'이라 불린다. 내년에는 IFA의 제72차 국제조세협회 총회인 'IFA 2018'이 서울 코엑스에서 개최될 예정이다. 이번 총회는 우리나라의 선진화된 조세제도 및 세무행정을 전 세계에 소개하고 동아시아의 세무 역량을 강화할 수 있는 중요한 기회가 될 것이며, 더불어 국내 기업들로 하여금 글로벌 경영전략을 마련하고 국제적인 조세환경에 선제적으로 대응할 기회를 제공할 수 있는 계기가 될 것이다.

에필로그

나눔에 연연하는 삶에 관하여

정말 열심히 달려왔지만, 지치기엔 아직 이르다. 여전히 나는 버텨야 하고, 새로운 일들에 손을 들어 도전해야 한다. 지금보다 더 의미 있는 목표를 세우기 위해 고민해야 하고, 더 많은 새로운 일을 통해 가치를 창출하기 위해 노력해야 한다. 더 많은 사람들이 나와 오래도록 함께 놀 수 있도록 그들을 배려하고 도와주어야 한다. 내가 잘 놀고, 내가 행복해지기 위해서 다른 사람이 성장할 수 있도록 도와야 한다.

하지만 이제 내가 향하는 방향, 내가 연연해야 할 것은 예전과는 조금 다를지 모른다. 이제는 세상의 기준과는 다른 꿈에 연연할 것이다. 오히려 내가 살아가야 할 이 세상에서 정말로 연연해야 할 것, 연연하는 만큼 더 큰 기쁨으로 돌아오는 것은 자리가 아니라 나눔임을 이제는 알기 때문이다.

  많은 것을 이루었고, 그래서 한껏 자만심으로 부풀어 있는 높은 곳으로 가는 일은 없을 것이다. 넘어지고 실수하고 부족하지만, 젊은 마음과 생각이 가득한, 젊은 에너지를 가진 사람들이 북적대는 더 낮은 곳으로, 더 갖춰지지 않은 곳으로, 활기가 넘치고 긍정적인 에너지가 충만한 곳이라면, 그게 어디든 온 힘을 다해 달려갈 것이다.

  어차피 삶은 사막 아니던가. 높이 올라가는 것이 아니라, 우리는 끝이 보이지 않는 넓은 길을 한없이 달려야 한다. 때로 어떤 길이 나올지, 어떤 상황이 펼쳐질지, 얼마나 어두운 밤이 찾아올지 아무도 모른다.

  그럴 때 나는 내 뒤에 조금 떨어져 오는 사람들의 발자국이 되어주고 싶다. 조그맣고 어린, 아직은 조금 서툰 그들의 손을 잡고 발자국을 따라오게 하고 싶다. 그러면 그들이 또 언젠가 같은 길 위 조금 늦게 출발한 누군가, 조금 뒤떨어진 누군가를 위해 발자국을 남기고 손을 내밀어줄 것이라 믿는다.

일일이 다 언급할 수 없지만, 이 책이 나오기까지 도움을 준
모든 이들에게 사랑과 감사의 마음을 전하며

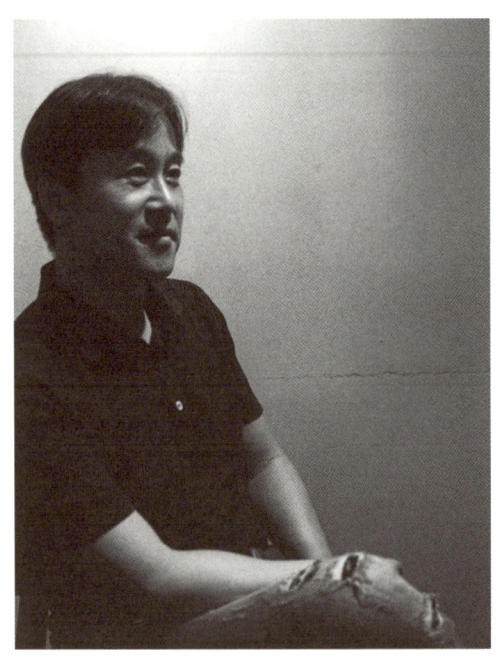

전중훤(Jung-Hweon Jeon)

(구 휴렛팩커드 엔터프라이즈서비스)아시아태평양지역 조세재정총괄본부장 (부사장) 겸 한국 DXC 테크놀로지 엔터프라이즈서비스코리아 대표이사.

전북 익산의 시골, 그저 잘 웃는 고물상 아들로 흙수저는커녕 무수저의 꼬마아이. 축구선수를 꿈꿨으나 후보권선수대회의 테스트에서 화려한 자살골로 축구와는 이별, 중학생 때부터 키의 성장이 멈춰 크게 아쉬워하지 않았다고 함. 대학에서 경제학을 전공, 낮은 학점에 특별한 스펙 하나 없이 외국계 회사인 HP에 입사. 업무 미숙과 실수로 5년간 여러 부서를 전전하며 저성과자로 낙인찍힘. 필사적으로 버티며 '내가 잘할 수 있는 일은 뭘까?' 하고 그 답을 찾아 헤맬 때 인생의 멘토를 만남. 무모할지라도 두려워하지 않고, 생각을 실행으로 옮기는 결단력으로 많은 프로젝트를 성공. 한국세무에서 나아가 국제조세의 1인자로 올라

섬. 세무, 국제조세는 숫자로 씨름하는 업무가 아니라 사람 대 사람으로 이루어지는 소통이라 생각. HP의 사원으로 입사해 여러 직급을 20년간 속성으로 밟고 올라 2017년 6월, 한국 DXC 테크놀로지 엔터프라이즈서비스코리아 대표이사로 취임. 고물상 아들에서 세계 각국에서 찾는 한국의 꼬마제임스로 불리기까지,

"완벽할 때까지 기다리거나, 확신이 들 때까지 기다리거나, 다른 사람들이 나를 인정해줄 때까지 기다렸다면 일어나지 않았을 일이다. 손을 높이 들어 올렸을 당시, 내 상황은 하나도 달라진 것이 없었다. 그나마 내가 해볼 수 있을 법한 일을 하나 발견한 것. 그 정도가 다였다."

작지만 커다란 이 남자는 이렇게 말했다.
그리고,
마침내 정상에 올라선 게 아니라,
아직도 드넓은 사막의 어느 한 부분에 서 있는 것뿐이라고.

저서로는 《역외탈세(국제조세협회)》, 《B2B영업전략(구자원, 최용주, 전중훤)》, 《세일즈 인사이트(구자원, 전중훤)》, 《서비스딜루젼(이상기, 구자원, 전중훤)》 등이 있으며, 국제조세 및 영업, 서비스 산업을 포함한 비즈니스 전략을 심도 있게 연구, 발표하는 등 국내외에서 논문을 다수 게재하고 있다.

(현) '한국국제조세협회' 총무이사
(현) 'International Fiscal Association(IFA) 2018 세계총회 조직위원회' 사무총장 겸 재정위원
(현) 'HP 홍콩 아시아태평양지역 투자지주회사 이사회' 등기임원
(현) 'HP 타이완 이사회' 등기임원
(현) '중남미한상연합회 한국문화콘텐츠진흥위원회' 회장
(현) '한국마케팅커뮤니케이션포럼(KMC포럼)' 위원장
(현) '초록우산 어린이재단 홍보자문위원회' 위원장
(현) '한국 HP 사회공헌위원회' 명예위원장

추천의 글

'정말 존경받아야 할 사람은 거창한 성공을 이룬 사람이 아니라 절망 속에서 포기하지 않고 삶을 살아낸 분들이다.' 그의 이야기에 동감한다. 스스로 기회를 얻으려 해보지도 않고, 다시 일어서서 뛰어보겠다는 마음도 먹지 않고 포기하는 사람이 너무 많다. 세상이 각박해서라고 하지만 우리 마음에 용기가 없었던 건 아닌지 되짚어봐야 한다. 모든 것이 갖추어진 바탕 위에 이뤄낸 성공보다, 수없이 닥치는 절망 속에서 희망을 발견한 사람이 더욱 위대하다. 그의 부단한 노력과 발걸음이 수많은 이들에게 희망이 되어주리라 믿으며, 아낌없는 응원을 보냅니다.

— 최용선, **삼일회계법인 고문**(전 서울시립대학교 세무전문대학원장, 전 한국조세연구원장)

전중원 대표가 가진 타이틀은 실은 매우 엄청난 것이다. 같은 한국인으로서 엄청난 자부심과 긍지를 갖게 해준다. 우리나라로서는 최초이며 유일무이한 업적이라 해도 과언이 아니다. 그러나 여전히 어린아이처럼 순수하고 겸손한 그를 만날 때마다 우리나라에 이런 사람이 더욱 많아지기를 간절히 바라게 된다. 그 겸손함이 전 대표를 더 가치 있는 곳으로 이끌어갈 것이라 확신한다.

— 박윤준, **김·장 법률사무소 고문**(전 국세청 차장)

함께 일을 할 때면 설레고 기다려지는 사람. 그에게 가장 어울리는 말이 아닐까 싶다. 그래서 책이 나온다는 소식을 듣자마자 빨리 그것을 열어보고 싶었다. 생생한 그의 목소리를 통해 글로벌 다국적기업들 사이에서 국제조세의 구루로 자리 잡은 코리아 리틀 제임스의 이야기를 되새기며 내 삶을 돌아볼 수 있는 소중한 기회를 얻을 것이라 믿는다.

— 스탠리황, **중국 하이얼그룹 국제조세그룹 글로벌대표**

잘 놀고, 열심히 일하고, 사람들과 함께 나누는 삶. 우리는 모두 그런 삶을 꿈꾼다. 하지만 정작 그런 삶을 위한 준비도, 마음가짐도, 실행도 없다. 《고물상 아들 전중원입니다》는 단순한 자기계발 에세이가 아니다. 이 책은 잘 놀고, 일도 잘하고, 멋지게 나누는 한 사람에 대한 이야기다. 그 이야기는 멋진 삶을 꿈꾸는 이들에게 귀감이 되어줄 것이다.

— 안창남, **강남대학교 세무학과 교수**

'내가 잘하는 것이 무엇인지' 잘 몰라서 방황하는 젊은이들이 의외로 많다. 이것저것 도전해보기엔 시간이 없어서 불안하고, 작은 것부터 시작하자니 쌓아온 스펙이 아까워서, 취업난은 더욱 극심해진다. 이 책을 읽어보길 권한다. '빠른 길'은 정해져 있지 않다. 우리는 모두 '진짜 길'을 찾아야 한다. 삶은 바로 그 여정이다.

― 오윤, **한양대학교 법학전문대학원 교수**

다정하고, 웃음이 많으며, 위트 있는 사람, 전중원 대표. 주변 사람들을 기분 좋아지게 만들고, 자신의 위치와 상관없이 항상 사람들의 이야기를 먼저 들어주는 사람. 이 책을 읽으면서, 전중원 대표의 인성이 어디서부터 비롯되었는지 알았다. 고물상에서 시작해 HP 기업 서비스부문 한국법인 대표가 되기까지…. 이 재미있는 이야기를 빨리 주변에 권하고 싶다.

― 이준봉, **성균관대학교 법학전문대학원 교수**

실은 불가능한 상황 속에서 버텨내고, 공부하고, 손을 들어 기회를 따내고, 어려운 컨퍼런스를 해내고, 환경을 극복한 이야기들이지만 이 글을 읽는 동안 단 한 번도 저자가 자신의 삶을 불평하거나 절망적이라 생각한 적이 없었다고 느껴진다. 오히려 여유가 느껴질 정도다. 그러나 그 안에 얼마나 많은 고민과 갈등, 어려움이 있었을지 떠올리니 새삼 뭉클하다. 의미 있는 책이다.

― 강석훈, **법무법인 율촌 조세그룹 대표변호사**

높은 자리에 있을수록 나눔을 실천하고 젊은이와 함께하기가 힘들다. 자신의 것을 챙기기에 바쁘고, 자신의 이야기를 하기에 바쁘기 때문이다. 이 책을 읽으며 우리가 흔히 아는 '어른' 혹은 '높은 사람'에 대한 틀이 깨어지는 것을 느꼈다. 리더십이 무엇인지 우리는 이 책을 통해 배워야 한다.

― 신흥룡, **동신선박 대표이사**

긍정의 에너지는 참으로 소중하다. 치열한 경쟁, 각박한 삶을 살아가는 현대인에게는 절대적으로 필요하지만 절대적으로 가지기 어렵기 때문이다. 전중원 대표의 웃음과 여유, 나눔과 소통에 대한 열정은 모두 그 긍정의 에너지로부터 출발한다. 이 책을 읽는 내내 그 에너지를 전수받는 귀한 시간이 되었다.

― 한철기, **삼성카드 고문**(전 공정거래위원회)

일은 좋은 머리로만 되는 것도, 높은 학력이나 지식으로만 되는 것도, 무조건 인간관계를 잘하는 것만으로 되는 것도 아니다. 일은 혼자서 하는 것이 아니다. 모든 사람이 '함께' 동행 하는 것이다. 거기에서 출발한다면 많은 것이 달라질 수 있다. 이 책은 '함께' 가는 법을 보여주는 책이다.

― 박형수, **동행포럼 회장**(기획재정부)

"손을 들어라!" 이 책을 덮을 때쯤, 내 마음속에 남은 강렬한 한 문장이었다. 사람들은 저마다 동등한 기회가 주어지지 않는다고 불평하지만, 그 기회의 시작은 먼저 내가 손을 드는 것에서부터 시작한다는 것을 다시 한 번 배웠다. 많은 젊은이들이 이 책을 통해 자신감을 되찾고, 세상을 향해 손을 드는 법을 배우기를 바란다.

― 서용석, **군인공제회 C&C 대표이사**(전 청와대 국가안보실 정보융합비서관)

한 번쯤 전중원 대표를 만나본 사람이라면, 그로부터 받은 긍정적인 에너지가 얼마나 특별한 것인지 알 수 있을 것이다. 이 책 속에는 그러한 특별한 에너지가 가득하다. 불확실하고, 그래서 불안한 시대를 살고 있는 모든 이에게… 그 에너지가 전파되기를 바란다.

― 이정하, **전 전국은행연합회 감사**(전 금융위원회)

《고물상 아들 전중원입니다》에는 수많은 이야기가 있었지만, 책을 덮을 때는 저자에 대한 존경과 감사의 마음이 가장 먼저 들었다. 리더십은 말하는 것이 아니라 들어주는 것이다. 진정한 기쁨은 나 혼자가 아니라 모두가 함께 이루어낸 성공으로부터 온다. 나보다 훨씬 훌륭한 후배를 키워내는 것이 또 다른 꿈이다… 주옥같은 말들을 가슴에 새기며 글을 읽었다. 마음속에 새로운 가치를 향한 도전과 용기가 꿈틀거리는 것을 느낀다.

― 이경근, **법무법인 율촌 조세자문그룹 부문장**

모두가 무모하다고 말할 때 그것을 '기회를 위한 도전'이라고 말할 수 있었던 전중원 대표의 용기에 박수를 보낸다. 이 책을 보며 삶의 매 순간이 바로 그런 용기를 시험하는 시간이라는 생각이 들었다. 젊은이뿐 아니라 이 시대를 살아가는 모든 이들에게 권하는 책이다.

― 백제흠, **김·장 법률사무소 변호사**

잘난 척하거나, 승승장구의 행보만을 수두룩 담은 자서전이 아니어서 정말 좋았다. 의미 있는 이야기가 담겨 있고, 힘듦과 그것을 극복해낸 이야기들이 담담하게 그려 있으며, 훌륭한 어머니의 모습을 통해 삶을 배울 수 있어서 좋았다. 읽는 내내 행복했다.

－이상기, **법무법인 광장 변호사**

얼마나 오랜만에 이렇게 좋은 이야기를 읽었는지. 주변의 젊은 친구들에게 소개해주고 싶어 마음이 설렜다. 승승장구하며 달려왔을 거라 생각한 그의 여정에 이러한 우여곡절과 방황의 시절이 있었는지 몰랐다. 정말 많은 젊은이들이 비슷한 고민과 불안감을 안고 살아간다. 그들에게 반드시 권해야 할 책이다.

－유철형, **법무법인 태평양 변호사**

일할 때는 진지하다가도, 미소만 지으면 순수함이 묻어나오는 그의 모습 뒤에 이렇게 많은 이야기들이 숨겨져 있는지 몰랐다. 때로는 공감하며, 또 때로는 감동하며 그의 이야기를 읽었다. 아무리 높은 자리에 올라도, 아무리 많은 돈을 벌어도, 함께할 수 있는 사람이 없다면 그는 분명 불행할 것이다. 삶의 의미와 가치를 다시 한 번 생각하게 됐다. 아름다운 책이다.

－장광현, **관리부문이사**(CFO / 예비역 육군소장)

이 책이 구구절절한 성공 스토리를 담은 자서전이라고 생각한다면 그것은 오해다. 모든 것이 불확실한 사막과도 같은 이 시대를 살아가는 사람이라면, 누구나 이 책을 읽어야 한다고 생각한다. 버티고, 견뎌내고, 포기하지 않는 자만이 그 속에서 방향을 찾을 수 있다. 이 책이 그 가이드가 되어줄 것이다.

－현병구, **시사저널이코노미 대표이사**

누군가의 이야기를 이렇게 생생하게 들은 것도 매우 오랜만이지만, 그 이야기로부터 이렇게 감동을 받은 것도 매우 오랜 일이다. 이 순간을 기억하며, 많은 이에게 이 책을 권하고 전할 것이다. 오늘날 리더들이 보며 배우고 깨우쳐야 할 이야기들로 가득하다.

－이상기, **LEE INTERNATIONAL IP & LAW GROUP 기획조정본부장**
(전 ING, 하나 HSBC, PCA 생명 부사장)

많고 많은 자기계발서를 읽었고, 위인전도 읽었다. 하지만 높은 벽과 같았고 이루지 못할 꿈과 같았다. 하지만 이 책은 달랐다. 이 이야기 속의 그는 동네 형 또는 동생, 아는 동료이자 친근한 이웃과도 같은 모습이었다. 자신의 위치나 자리와 상관없이 누구에게나 따뜻한 모습으로 다가갈 수 있고 함께할 수 있는 그의 인간적인 모습을 정말 존경한다. 나도 그처럼 많은 이에게 따뜻한 리더가 되고 싶다.

- 전병무, **효성ITX 전무이사**

국제조세라는 분야는 일반 젊은이들에게는 여전히 생소하지만, 우리보다 앞서가며 여전히 발걸음을 남기고 있는 그로 인해 그 분야가 확장되고 기회와 가능성들이 창출되리라 본다. 앞서가는 선배들이 후배들에게 무엇을 남겨야 할지, 이 책에 그 정답이 제시되어 있다.

- 오준석, **숙명여대 경영학과 교수**

우선 재미있다. 그래서 쉬지 않고 단숨에 읽었다. 소설책을 읽듯이, 한 사람의 이야기를 이토록 재미있게 읽은 적은 몇 번 없다. 재미있으면서도 한 번씩 울컥하는 감정들이 올라왔다. 이 시대를 살아가는 모든 평범한 사람들이 공감할 수 있는 이야기다. 그러나 숙제는 이제부터다. 그 이야기를 내 것으로 만들 것인지, 아닌지는 글을 읽는 이들의 몫일 테니까.

- 박훈, **서울시립대 세무학과 교수**

리어카를 끌고 고물을 주우러 다니던 작은 소년이, 한국을 대표하고 세계의 무대에 당당히 선 기업가가 되었다. 많은 조건이 주어졌음에도 여전히 주저하고 있는 젊은이가 있다면, 이 책을 읽고 용기를 얻길 바란다. 자기 안에 있는 거인을 발견하고, 자신감을 갖고 손을 들기를 바란다. 이 책이 그 충분한 동기부여가 되어줄 것이다.

- 최정욱, **삼정회계법인(KPMG) 부대표**

사막은 언제 바람이 불어와 길이 사라질지 모르는, 무섭고 불안정한 곳이다. 그런데 우리는 모두 그 시대를 살고 있다고 전중원 대표는 말한다. 《고물상 아들 전중원입니다》는 이런 사막과 같은 삶 속에서 살아남는 법에 대해 이야기한다. 치열하지만, 여유를 잃지 않는 그의 이야기가 멋지다.

- 이중현, **삼일회계법인(PWC) Human Capital Leader**

이 책은 내게 많은 영감을 주었다. 내가 살고 있는 삶을 다시 점검하게 하고, 또한 내가 이 위치에서 주변인에게 어떠한 영향력을 입혀야 하는지를 다시 생각해보게 했다. 이토록 강렬한 메시지를 안겨준 책은 처음이다.

— 김선영, **안진회계법인(Deloitte) 전무이사**

이 책의 핵심은 '함께 가는 법'이다. 운동 경기에서도 팀플레이가 중요하고, 함께 이룬 결과에서 더 큰 기쁨을 얻을 수 있듯 삶도 마찬가지다. 함께 일하고, 함께 놀면서 살려면 나와 함께하는 사람들이 잘 되도록 도우며 살아야 한다는 그의 삶의 방식에 또 한 수를 배운다. 멋진 책이다.

— 고경태, **한영회계법인(E&Y) 전무이사**

전중원 대표를 알아가면서 세무를 하는 사람들에 대한 선입견이 완전히 바뀌는 경험을 했다. 지금껏 알고 있었던 세무는 '숫자'와 관련된 것이라고만 생각했는데, 그 개념을 바꾸고 비즈니스 전략의 의미를 부여한 전중원 대표가 진심으로 존경스럽다. '꼭 필요한 사람'이 되기 위해 스스로 가치를 만들어내는 법을 배웠다.

— 구자원, **성신여자대학교 글로벌비즈니스학과 교수**

HP사회공헌위원회의 활동을 지켜보면서 나눔을 '계획'하는 것보다 몸소 '실천'하는 것이 얼마나 중요한지를 보았다. 우리 주변에는 도움이 필요한 많은 사람들이 있다. 이 책 속에 그 이야기들이 역시나 빠지지 않고 나와주어서 너무 감동적이었다. 사람과 일, 그리고 나눔. 우리가 살면서 잃지 말아야 할 중요한 덕목들이 이 책 속에 가득하다.

— 김영태, **미소건영(주) 대표이사**

수려한 문장, 그럴 듯하게 포장된 말들 대신 담백하게 써내려간 잔잔한 이야기가 더욱 인상적인 책이었다. 친근하고 따뜻한 비주얼만큼이나 속도 꽉 찬 책이다. 전중원 대표를 꼭 닮았다.

— 서재필, **브릿지M / 이지웰M 대표이사**

'고물상에서 배운 다섯 가지 지혜'가 특히 인상적이었다. 훌륭한 어머니의 훌륭한 가르침이 오늘날의 전 대표님을 만들었다는 것을 알 수 있었다. 꼭 한번 읽어보기를 권한다.

- 조순열, **법무법인 문무 대표변호사**

이 책을 읽으며 삶을 돌아보게 됐다. 특히 '나눔'에 대해서 많은 생각을 했다. 나눔은 내 것을 내어주어 반이 되는 것이 아니라 공유함으로써 두 배가 되는 기쁨이라는 것을 새삼 깨닫게 됐다. 이 책은 나에게 생각을 실행으로 옮기는 단초가 되어주었다. 마음을 움직이는 마법 같은 힘을 지닌 책이다.

- 이명교, **대한민국공무원 노동조합총연맹 부위원장**(전 문화체육관광부 노조위원장)

고물상 어머니의 이야기는 정말 감동적이었다. 겸손, 존중, 배려… 읽는 동안 이 단어들이 마음을 파고들었다. 수많은 사람들을 상대할 수밖에 없는 일을 하는데, 과연 사람과 사람이 부딪혀 만들어내는 일에 있어 가장 중요한 것이 무엇인지 다시 생각해보지 않을 수 없었다. 귀한 깨달음을 주는 책이다.

- 여환철, **윈포시스(주) 대표이사**

그와 일을 할 때면 늘 '한 수 배운다'는 느낌을 받는다. 특정한 스킬에 대한 문제가 아니라, 모든 사람이 '함께' 잘 되는 방법, 모두가 함께 최선의 이익과 가치를 분배하는 것에 가장 큰 초점을 맞추는 그의 생각 때문이다. 그리고 나는 궁극적으로 그러한 생각이 모든 경영자들의 머릿속에, 또한 가슴속에 심겨야 한다고 믿는다.

- 정운봉, **(주)자쿠버드코리아 대표이사**

겉으로 보이기식이 아닌, 진짜 나눔을 실천하고 있는 전중원 대표가 매우 존경스럽다. 이 속에 담긴 그 행보들은, 그동안 드러내지 않고 쌓아온 착하고 아름다운 이야기가 무엇인지 보여준다. 많은 리더들이 이것을 보고 배우길 바란다.

- 오태성, **KT 상무이사**

성공한 사람이든 이제 막 시작한 사람이든 혹은 중간쯤 와서 잠시 서 있는 사람이든… 이 책을 읽기를 바란다. 좀 더 나은 방향을 찾는 데 나침반이 되어줄 것이다.

- 강판묵, **우리은행 성남공단금융센터 센터장**

단 한 글자도 내게 강요하지 않았지만, 전중원 대표가 살아온 삶에 대한 이야기는 영혼 곳곳에 깊이 각인되고 강요되었다. 이 책은 '어떻게 살아야 하는가'에 대한 근원적인 질문에 대한 답을 들려준다.

- 박철형, **대한제강 마케팅 부문장**(전무이사)

책을 읽는 내내 '나라면 어땠을까' 하는 생각을 했다. 그동안 밝게만 보였던 전중원 대표의 모습 뒤에 이런 이야기들이 있는지 몰랐다. 하지만 이 모든 이야기를 읽고 후배지만 그를 더욱 존경하게 되었다. 많은 사람들이 이 책을 통해 작은 희망을 발견하게 되기를 소망한다.

- 우상윤, **한국후지제록스 상무이사**

글로벌 다국적기업에서의 문화, 생각의 다양성, 늘 새로움에 대한 도전 등의 경험과 한국 사회의 경제발전 및 사회공헌 활동을 통해 조화로운 사회, 상생하는 사회를 만들어가는 전중원 대표의 모습을 한 권의 책으로 모두 담아내기에는 분명 무리일 것이다. 하지만 진솔하고도 사람 냄새나는 그의 이야기에 내 마음속 울림이 일어난 것만은 사실이다.

- 제임스 김, **주한미국상공회의소 회장**(전 GM·대우자동차 대표이사)

나눔과 봉사, 그리고 글로벌 기업에서 일하고자 하는 마음과 꿈을 간직한 사람들에게는 이 책이 희소식이 될 것 같다. 지금껏 어느 책에서도 다뤄지지 않은 다채로운 경험들이 고스란히 녹아 있어 유익했다.

- 제프리 존스, **김·장 법률사무소 변호사**(한국로날드맥도날드하우스 회장)

사회봉사를 통해 사랑의 손길을 곳곳에 내미는 그의 모습에서 늘 감동하고 더불어 큰 배움을 얻는다. 이 책에서도 그의 행보가 보여지지만, 내가 그에게서 가장 감동 받은 것은 늘 한결같다는 점이다. 아이 같은 웃음으로, 진실된 마음으로. 삭막해져가는 이 시대에 순수함과 우직함으로 언제까지고 진정한 노블레스 오블리주를 몸소 보여줄 사람임을 확신한다.

- 이제훈, **초록우산어린이재단 회장**(전 중앙일보 대표이사)

고물상 아들 전중원입니다

펴낸날	초판 1쇄 2017년 10월 25일
	초판 5쇄 2017년 11월 20일
지은이	전중원
펴낸이	정현미
펴낸곳	제8요일

출판등록 2015년 10월 6일 제406-251002015000190호
경기 파주시 목동동 산내마을 8단지 808-1102호
전화 031)901-6037   팩스 031)946-9601
http://m.post.naver.com/8_day
8_day@naver.com

ISBN 979-11-87509-26-4 (03320)

- 값은 뒤표지에 있습니다.
- 잘못 만들어진 책은 구입하신 서점에서 바꾸어 드립니다.

책임편집 서지영